超实用家庭教

妈妈也要
享受生活

〔法〕卡洛琳·兰波 / 著

朱振洁 / 译

CTS | 🔲 湖南少年儿童出版社·长沙
HUNAN JUVENILE & CHILDREN'S PUBLISHING HOUSE

图书在版编目（CIP）数据

超实用家庭教育秘籍. 妈妈也要享受生活 /（法）卡洛琳·兰波著；朱振洁译. —长沙：湖南少年儿童出版社，2024.7

ISBN 978-7-5562-6785-9

Ⅰ.①超… Ⅱ.①卡… ②朱… Ⅲ.①家庭教育 Ⅳ.①G78

中国国家版本馆CIP数据核字（2023）第163955号

超实用家庭教育秘籍·妈妈也要享受生活

CHAO SHIYONG JIATING JIAOYU MIJI · MAMA YE YAO XIANGSHOU SHENGHUO

总 策 划：周　霞　　　　　　策划编辑：吴　蓓

责任编辑：钟小艳　　　　　　特约编辑：娄紫璇

营销编辑：罗钢军　　　　　　内文排版：雅意文化

质量总监：阳　梅

出 版 人：刘星保

出版发行：湖南少年儿童出版社

地　　址：湖南省长沙市晚报大道 89 号（邮编：410016）

电　　话：0731-82196320

常年法律顾问：湖南崇民律师事务所　柳成柱律师

印　　刷：湖南立信彩印有限公司

开　　本：889 mm×1194 mm　1/32　　印　张：7.5

版　　次：2024 年 7 月第 1 版　　　印　次：2024 年 7 月第 1 次印刷

书　　号：ISBN 978-7-5562-6785-9

定　　价：33.80 元

目 录

前　言

　　每个宝宝的降生都是一个祝福，宝宝会给家庭带来很多欢乐。然而，从备孕到分娩，从宝宝呱呱坠地到咿呀学语，新手妈妈会有很多的困惑，却不敢与人分享。

　　做妈妈是人生的一个重大挑战，但请相信自己，你能找到方法来平衡生活的方方面面：你为人母，亦为人妻，你还有事业和社交。

　　虽然没有现成的法子，但是我们为你准备了一些小测试，帮助你更好地理解自己的选择和行为。

　　希望本书能够帮助你找到自己的答案，让你更加心平气和地"玩转"亲子世界。

　　本书的特点：

·行之有效，帮你提高生活质量；

·为你提供切实可行的解决办法；

·从其他新手妈妈的感受和故事里，你会找到自己的影子；

·利用精神分析理念，帮助你更好地理解自己的选择；

·每章都有小测验，轻松幽默，让你放松心情！

那么，现在就开启美妙的阅读之旅吧！

第一章

为人父母，责任重大！

▼▼▼▼▼▼▼

导语

和他走到一起后，你觉得自己准备好要做妈妈了。不过在正式成为妈妈之前，有一连串的问题让你伤脑筋，比如，宝宝什么时候出生？胳膊腿儿都长齐了吗？怎样做好孩子的妈妈？……

你即将面临人生重大转折，花点时间做好准备吧！

第 1 幕
预定一个宝宝？

一个夏夜，你温柔地看着另一半，决定要一个孩子，一个属于你们俩的爱情结晶。想到这里，你激动得热泪盈眶。九个月后，一只仙鹤空运来你们"定制"的小宝宝，还在冲你咯咯地笑。

什么？这只是电影里的场景？

丝丝，29 岁

我们不敢做不"保险"的事情。不能换工作，度假不能太劳累……当我们决定回归正常生活的时候，宝宝就来了！

想有就有

孩子，那不是想有就有的吗？朋友小艾已经反反复复说了很多遍，她那时很快就有了。然后，你懂的，在那之后小艾每每看到你，都会面带同情地看着你的肚子："还没动静？"她搞不懂怎么这件事情到了你这里就会变得这么复杂，她似乎比你本人还要着急你孩子的到来。对此，我只能说交友需谨慎！

负责任地告诉你，其实大多数夫妻都需要比小艾多一点耐心，才能把二人世界发展成幸福的三口之家。你盯着排卵期，蠢蠢欲动，无形中给另一半制造了压力。等待的时间越长你就越焦虑。你一门心思只盯着结果，满脑子想着快点怀上孩子，把自己也搞得压力巨大。其实，当未来的小宝宝感受到爸爸妈妈比较放松时，才更愿意来这个家庭"报到"。如果他连哪一天来到这个世界上都不能自己选择，又哪会心甘情愿地来到你们家？所以，放轻松，当你不去刻意强求的时候，宝宝就来了……

依琳，32 岁

知道自己怀孕的时候真的好意外，竟然已经两个半月了，而且还是个小男孩！我们在决定要孩子以后就不避孕了，没想到我连续18个月出现闭经，不过这段时间我们的感情反而更牢固了，我们还度了个蜜月。

"神圣的"科学

她的故事

希雅的妇科医生让她去做激素检查，检查后发现她不容易受孕，要一到两年才能怀上，结果才六个月她就怀孕了。

你肯定听说过有些夫妻一开始说他们不能生育，但收养了一个孩子以后竟然怀孕了。也有的夫妻生了一个孩子以后还想要第二个，但一直怀不上最后去做试管婴儿。

几个月无果后，你跑去做了一大堆妇科检查。

结果不幸显示你的受孕率低于正常水平，真是要吓死人！是自己有问题还是他有问题？争吵和怀疑打破了你们的平静……

注意了，怀孩子可不是概率性事件！要么怀上，要么没怀上。算命先生也许能告诉你什么时候怀孕，什么时候生孩子，妇产科医生却做不到！生活中有很多事情你都可以计划、安排，但孩子什么时候出生，这还真说不准。所幸，在等待的时间正好可以去思考这个人生重大转折。

你渴望有个孩子，但同时也有很多的疑问和恐惧。不过毕竟孩子还没有来，你可以喘口气儿，或者给自己安排点儿别的事情。等待的心情是又焦急又失望，但正好你可以利用这个空当适应一下"妈妈"这个新身份。

小贴士

让潜意识来为你工作

在等待的时间里，可以把你的情绪和感受写下来。

· 写写你对怀孕的渴望，也写写你对做妈妈的恐惧。

· 在你的想象里，宝宝是女孩还是男孩？长什么样儿？

· 有了宝宝以后，生活会发生哪些具体的变化？

· 怀孕、生宝宝会不会影响到你的工作？会不会很难选择？

梅兰，25 岁

当时我很着急要孩子，但没想到一有了孩子，生活变得完全不一样了！

别急着要孩子……

说实话，每个星期天都在医院庆祝朋友"荣升"妈妈，慢慢地你会发现时间过得越来越慢，心里会有点难过。当然了，这不是嫉妒，也不是生气，你只是想像别的女人一样拥有自己的小幸福。

　　如果你急着要孩子，别忘了，不管你现在是幸福得掉在米缸里还是掉在蜜罐里，一旦做了妈妈，一切都会变得不一样。所以，先好好享受没有孩子的乐趣吧！

小贴士

享受没有孩子的生活！

· 星期六下午和闺密一起蒸桑拿

· 用请保姆的钱去电影院看场电影、去探店、去听音乐会

· 来一场说走就走的旅行

· 周末和心爱的他窝在被子里看剧

· 疯狂玩到后半夜……然后，也是有了孩子以后最不可能的——睡到自然醒！

　　不管你多大年纪、家庭情况如何，想要孩子的愿望和心情都会很复杂。你越是心平气和，对你和爱人的关系以及未来的宝宝越好。相信自己，当你

遇到孩子的父亲，或者你觉得自己准备好要做妈妈
了，你就知道时机成熟了。

洛儿，35 岁

　　虽然经历了很多困难，但我从来没有后悔把女
儿生下来，她真的很棒。当时我是有点犹豫要不要
生她的，因为我和她爸爸正准备分手。不过我深信，
我们两个都想要这个孩子。

"心想事成"

　　或许你和爱人还没想到要孩子，你就怀孕了。
你忘记吃避孕药了？是意外还是忘记了？

　　不管怎么样，你的宝宝不是意外。忘记吃避孕
药在你看来是个意外，但孩子的生命不是意外。宝
宝平安落地的时候，告诉自己："是我想要宝宝来
到这个世界的。"当然了，你可以给孩子提供更好
的出生条件，在年龄、经济条件、夫妻关系等方面
都可以选择更好的时机，但欲望既不合逻辑也不合
情理，它会在你还没有意识到的时候悄悄潜入你

的大脑，推动你做出让自己无法理解且不负责任的行为。

你可能会问自己："到底要不要这个孩子呢？"如果最后决定要的话，可以把这个小插曲告诉孩子。你可以告诉他你当时的矛盾情绪，告诉他当时很难想象自己要做妈妈了，告诉他他来到这个广阔世界给你带来的惊喜。如果你觉得孩子来得不是时候，你可能会经常无缘无故地对他发脾气，但是孩子不知道你发脾气的原因。这时候你还是问问自己，当初想要孩子的时候，你真正想要的是什么。

其实，就算孩子来得早了一点，也不是偶然的。你会发现自己为孩子选择的父亲很有修养、很稳定、让人放心又顾家，而且他的原生家庭很和睦，不像你的爸爸，父亲的角色是缺席的。我们都在寻找熟悉的特征，这些特征让我们想起自己爱的人、幻想中的人、理想化的人以及恨的人。

第 2 幕
我怀孕了！

连续几个月你都在留意怀孕的早期症状，你看了所有的论坛，对怀孕的信号早就了然于心。这次终于对啦！你说不出身体正在发生什么变化，但就是知道自己肯定怀孕了。终于，好消息来了！

10 个星期以后，做 B 超的时候，你看到了一个小胚胎。太神奇了，他看上去不过是个小蝌蚪，却会变成一个孩子，属于你的孩子。最后，大自然很公平：不管你是想了好几年，或是好几个星期，还是莫名其妙就怀孕了，你都有 38 个星期（不提前出生）可以问自己各种存在性问题①，可以为宝宝准备房间、学习有关育儿的知识，比如什么是婴儿提篮。

---

① 存在性问题：来自存在主义，有四个核心命题，分别是死亡、自由、孤独和无意义——译者注。

小 测 试

你是什么样的准妈妈?

1. 当医生告诉你怀孕了，你觉得：

a. 怪怪的。　▲

b. 高兴得要飞起来了。　★

c. 紧张、焦虑、吓坏了。　◆

2. 第一次做 B 超时：

a. 超级焦虑。　◆

b. 激动得哭了。　★

c. 你很难认出肚子里这个"小蝌蚪"。　▲

3. 你最关心的是：

a. 宝宝房间的装饰。　★

b. 宝宝有没有缺胳膊少腿儿。　◆

c. 拥有自己的时间和空间。　▲

4. 关于分娩：

a. 同事和你说了她们生孩子的经历，让你晚上做噩梦。 ◆

b. 还过2个月，60天，1440小时，86400分钟，宝宝就要出生啦！ ★

c. 到时候一个人生孩子会很奇怪呢！ ▲

如果你★占多数，表示你很满足。

有些女性对肚子里怀着小宝宝会感到很满足。想着宝宝一天天长大，在你的肚子里动来动去，准妈妈每天都觉得满满的欢乐。你沉浸在自己的幸福里，对别的事情漠不关心。你希望这种幸福永远持续下去，这就是为什么有些女性会选择要二胎、三胎，甚至更多。你和宝宝合二为一，你孕育宝宝，宝宝也滋养着你！

不过呢，可别忘了你的另一半，他也很想分享你的幸福呢。准爸爸可能会觉得自己被冷落，尤其是你不再和他卿卿我我了。

你差点儿忘了这种状态只是暂时的，宝宝很快就要来到这个世界，而你的世界也将不再清净。回到现实让人痛苦，还是赶快清醒一下吧！

如果你▲占多数，表示你感到不习惯。

有些女性在怀孕期间只想着一件事：就是快点摆脱这走样的身材，你就是其中之一。这感觉就像有个陌生人住在你家里，还不付房租。你身体里住着另一个身体，这种感觉真是太奇怪了。你多么希望能重新穿上跑步鞋，还有那最喜欢的牛仔裤。

不过呢，不适应怀孕的状态不代表你没有能力做一个好妈妈。地球人都看得出来，你已经深深地爱上了这个宝宝，只是怀孕让你不得不重新审视你和身体之间的关系，就像青春期发育时所经历的那样。

孩子的出生对你来说是一种解脱。看到宝宝从你身体里钻出来，你会很欣慰，那时你会觉得所有的耐心都是值得的。

如果你◆占大多数，表示你很害怕。

自从知道自己怀孕，你就开始害怕！怕什么？什么都怕！每一次产检，你都会想象最坏的情况。

当然了，你的害怕也许有客观原因，尤其是当你有过流产经历或者妊娠并发症时。

但凡有一点风吹草动都会影响到你的情绪。你想得很多，比如老公正在创业，或者正在继续深造，又或者即将面临工作调动，他会陪伴在你和宝宝身边吗？自己的工作不怎么顺利？产假以后不想回去上班了？

给自己一点时间。周末的时候回趟父母家，或者去闺密家玩一会儿。好好照顾自己，享受孕妇身份带来的好处，多宠爱自己。不过最好离那些容易焦虑的人远一点，他们只会让你更焦虑！

直面恐惧

如果你不确定自己为什么焦虑，可以坦率地告诉妇产科医生或者护士。他们能帮助你更好地理解自己的感受，尽量减少焦虑对你产生的影响。当你知道你的担心都是正常、合理的，就会放心很多啦。

我能做个好妈妈吗？

小艾告诉你她要做妈妈时，你很为她开心，你觉得正常人都会开心。可是一旦轮到自己要做妈妈了，就觉得这怎么可能呢……你要做妈妈了，你的妈妈要做外婆了，这不是太阳打西边儿出来了吗？这简直是场革命，尤其是你连侄子侄女都还没有。

震惊过后，你回到现实，想到一连串的问题：这个你做梦都想要的孩子，你有能力和老公一起把他抚养成人吗？你能平衡好自己的家庭和事业吗？会不会发疯？会不会压力巨大？会不会搞得一地鸡毛？开车需要拿驾照，各行各业都有上岗证，可没见过给父母发上岗证的呀。你好希望有一家权威机构来告诉你，你可以胜任生儿育女这份"高危"职业。

其实做妈妈不是要你有多少知识或技能，而是要对孩子负责。孩子不会给你发上岗证，也不会给你来句"有待改进"，但孩子会教你怎么做妈妈。

乔乔，34 岁

这几年我和我老公一直想收养一个孩子，但很多人说我们对小月龄宝宝经验不够，我们要不要去幼儿园实习一下，好让收养机构觉得我们有这个能力？

做父母，我们能行！

其实做父母没有标准，因为你的宝宝是独一无二的。不管是儿科医生，还是你的母亲或者朋友，他们都不是天生就懂怎么照顾宝宝。多听听自己的心声，只要你觉得对的就去做。相信自己，否则你会迷失在七嘴八舌的建议里。你懂的，宝宝吐奶了，所有人都会插上一嘴！

如果你有朋友是新手妈妈，多和她们在一起会让你宽心，觉得自己有价值。不过别找小艾，小艾做得比所有人都好，她会让你觉得自己很无能。在灰心或者害怕的时候，给你信任的朋友打打电话，会感觉好很多。其实你完全能照顾好宝宝，关键是有个人能不断地来肯定你。

但在成千上万条建议中，有一条一定要记住：好好休息。这是一场疲劳战。宝宝睡了你也赶紧去睡，别再想着衣服没烫，地还没扫等七七八八的家务活儿！

一头真正的"母狼"！

现在，你的身体里住着小宝宝，你要为他负责。自从知道自己怀孕，你就想着该吃些什么，走在路上也会注意保护好自己的肚子，一有风吹草动你就马上竖起耳朵。一句话，你像一头母狼一样保护着自己的宝宝，不想让他受到一丁点儿伤害。或许这就是人们常说的母性本能？自从怀孕，你和自己的身体、和别人的关系都发生了变化。优先级变了，也是正常的。为什么要为了不值得的事情去浪费精力？和宝宝的健康成长比起来，似乎一切都是微不足道的。

你知道你和孩子他爸肩上的责任很重。你的生命突然有了新的价值，还有什么理由不踏踏实实、好好照顾自己呢？从现在开始，你得好好活着。自从怀孕以后，你连过马路都和以前不一样了。你会左看看，右看看。可不是吗？这必须的！一个小生命会在情感和经济上都依赖你和他爸爸，你们俩必须得靠得住，必须谨小慎微，确保小宝宝的世界里什么也不缺，尤其是爸爸妈妈！

苏菲，27 岁

我怀孕那时候，老是担心孩子他爸会出事。每次他迟到，我都会想到最坏的情况。

不再是小女孩了

新生活开始了，你可能会经常想到死亡。本该欢天喜地的你，有时却会出现一些病态的想法。

你天性无忧无虑，可现在神经日夜紧绷着。怀孕既神奇又让你激动，但不会永远持续下去。预产期的来临提醒着你和身边的人：你就要闯鬼门关了。你会变成妈妈，你的父母会变成外公外婆，你觉得自己变老了。别担心，在父母眼里，你永远是他们的小女孩，一直到你老态龙钟，他们依然会用小名称呼你。父母的爱是盲目的，谁说不是呢？

不过喜欢经常回家和父母撒娇的人也必须得面对现实了：你自己也要成为母亲，不再是孩子了。你永远是父母的女儿，但你首先是孩子的母亲！要么先回父母家住几天安抚一下自己的小心脏？好好保存实力、养精蓄锐，还有尽情享受吧，没几天清闲日子过了。以后全家人都在午睡，你追着"小讨厌"满地爬的时候，一定会怀念起现在的时光。

孩子是两个人的

你们在一起很幸福。你像掉进了蜜罐子，被甜蜜包裹着，大家都为你开心。一个孩子代表着夫妻关系开花结果，如果一切顺利的话，孩子的出生会进一步巩固你们的关系。

对夫妻二人来说，生孩子是一个不可逆转的决定。这个小生命会继承你们各自50％的基因，两个家庭也会融合在一起。你能接受他的家庭吗？即使他集才华与帅气、优雅与野性于一身，也不要忽略这个问题。还有，他是对的人吗？你爱他，但他会是一个好爸爸吗？

两个人一起抚养孩子，需要双方在很多问题上观点大致一致。很多人会因为在孩子教育问题上意见不统一最后分手。这种分歧不会等到孩子考大学填志愿时才发生，很多问题从孩子一出生就存在了。从给孩子起什么名儿到怎么教育孩子，问题多如牛毛。多和他讨论讨论吧。

有些敏感问题趁现在有时间好好想一想，为以后做好准备吧。两个人各自做一下测试，再互相看看对方的选择。

1. 半夜谁起来喂奶、换尿布？

她　他

☐　☐　两人轮流。

☐　☐　丈夫照顾宝宝，让妻子休息。

☐　☐　丈夫白天要工作，所以全部妻子来。

女性的生理特点决定了妈妈比爸爸更能适应夜里起来喂奶，但不是每天晚上！要是老公装聋作哑，给他买副助听器！

---

2. 头几个月宝宝睡在哪里？

她　他

☐　☐　睡在你们床上。

☐ ☐ 和你们睡一个房间，但睡在小床上。

☐ ☐ 睡在小房间里。

这个问题需要在头脑清醒的时候再想……孩子睡在你床上可不是一天两天的事情，他会产生依赖心理。如果你像大部分人一样，白天上班晚上需要休息，你可要做好心理准备。

3.喂养方式上,头几个月你准备如何?
她　他

☐ ☐ 可能的话母乳喂养。

☐ ☐ 喂奶粉。

☐ ☐ 母乳和奶粉齐上阵。

4. 要不要给他安抚奶嘴?

她　他

☐　☐　给。

☐　☐　给，但会限制时间。

☐　☐　绝对不行！

5.谁来照顾孩子？

她　他

☐　☐　保姆。

☐　☐　送托儿所。

☐　☐　奶奶／外婆。

☐　☐　妈妈。

6.宝宝的衣服怎么打算？

她　他

☐　☐　尽量用别人穿过的，自己少买。

☐　☐　买新的，不过得精打细算。

☐　☐　小衣服太可爱了，我完全没

有抵抗力！买买买！

7. 你会让孩子看电视吗？

她　他

☐　☐　会，我们有一个频道专门播放儿童节目。

☐　☐　三岁以前不可以看电视。

☐　☐　偶尔看看卡通片挺有意思的呀。

8. 你觉得最重要的是什么？

她　他

☐　☐　自己的工作。我对工作一直投入很多。

☐　☐　我想要这个孩子已经很久了，我会陪在他身边。

☐　☐　生孩子是两个人共同决定的，不应该有人为此牺牲自己的工作。

最好提前弄清楚各自的优先事项，以免因对方的工作引起不满。只要夫妻间能保持平衡，解决办法有很多。

9. 预算方面你们是怎么考虑的？

她　他

□　□ 两个单独账户。根据自己的经济能力来支出。

□　□ 设一个账户专门用于家庭和孩子的开支，另外各自有自己的账户。

□　□ 全家人用一个账户，因为我们是一家人！

孩子出生后，会有各种地方需要花钱：保姆、衣服、奶粉、尿布，等等。花时间一起盘点一下，各自负责哪一部分，预算是否合理、平衡？

你的另一半可能会说："费这功夫干啥？"其实不然。这项工作做好了能保证你们家庭的小船平稳前进，遇到大风大浪也能化险为夷。而且这些事情可不是一蹴而就的，最好趁孩子还没出生，定心想一想。

小娜，27 岁

没有孩子的时候，我们各自有收入，共同承担家庭支出。有了孩子以后，我看到老公把钱花在不值当的地方就生气，搞到最后孩子的衣服全是我花钱买的。我休育儿假①是我们一起决定的，但我觉得我老公没有好好估量这个决定对我们的生活和经济意味着什么。

第3幕
我要生了！

宝宝有时还没到预产期就出生了。你的心情怎么样？准备好迎接这场盛会了吗？

---

① 育儿假：根据法国《劳动法》规定，所有在公司工作满一年以上的家长都可以请育儿假，假期在一年左右，与产假衔接，直到孩子满周岁假期结束，休假期间不再从雇主那里领取任何工资。——译者注。

产前准备

助产士和闺密已经在产房帮你走过一遍流程了。准妈妈是一定要上产前准备课的，准爸爸因为工作可能会缺席。产前准备包括分娩课程、小组讨论、胎儿抚触，这些都可以帮助爸爸妈妈和宝宝建立联系。

分娩课程会安排在产房或私人助产士的工作间里，一般有6~8个人参加。准爸爸最好也来参加，但是因为一般安排在白天，所以可能会和工作有冲突。

胎儿抚触可以帮助准妈妈和胎宝宝建立联系。主要是把手放在准妈妈的肚子上，和宝宝说话。爸爸妈妈可以感觉到胎宝宝有反应，宝宝受到刺激会动来动去。抚触课程可以从胎宝宝4个月开始，由爸爸妈妈和专业人士在温馨、私密的环境中进行。胎儿抚触可以让你更加心平气和地对待分娩！

妇产科组织的小组讨论，有专家参与，可以把你的问题拿出来和其他准爸爸准妈妈一起讨论。

随着分娩的临近，你越来越知道自己在分娩的时候需要怎么做，相反，你的另一半却越来越不知道自己该做什么。专业人士会帮助他做好准备，好让准爸爸在妻子分娩的时候也出一份力。

在配偶怀孕期间，有五分之一的准爸爸会出现拟娩现象①，包括不明原因的疲劳、恶心、失眠、体重增加等。这算不算是男性体验怀孕的一种方式？不过呢，体重增加 20 公斤的人，不能再给自己系鞋带的人，即将分娩的人，是你，是你，还是你，这一点我们绝对和你站在一条线上。

同时你要知道，因为爸爸感受不到胎动，他会很沮丧。他知道你无法用语言描述这种独特的体验，即使你很愿意和他分享怀孕的感受，他还是会有种置身事外的感觉。所以胎儿抚触可以帮助爸爸和宝宝交流，减少爸爸的孤立感，宝宝出生以后爸爸的参与度也会更高。

---

① 拟娩现象（Couvade），指许多男性在配偶怀孕期间经历类似怀孕的症状。无论在哪一个国家，有 25%~50% 的准爸爸会出现拟娩现象，他们年龄介乎 19 到 55 岁。——译者注。

除了可以定期到产科医生处产检外，妇幼保健院、其他公立和私立医院妇产科、社区卫生服务中心等，都会定期开设"孕妇学校""产前课堂"等与孕产知识相关的讲座和交流活动，那里会有专家指导，也有许多准爸爸准妈妈可以相互交流哦。

思林，30 岁

生宝宝的时候，我老公真的很给力！但是过了好几个星期，他的脸色还是很差，看上去很累，可能是受惊过度了。

准爸爸陪产!

可以说，一想到分娩，准妈妈不会那么乐观，准爸爸也不会！尽管很多人和我们讲过她们分娩的时候感觉是多么神奇、多么独特、多么美妙。说实话，有时候是这样的，但有时候不是。别忘了分娩是一件非常危险的事情，尽管大部分情况是母子或母女平安，但在中世纪时期，分娩时都要父亲在场，万一发生意外要决定先保母亲还是先保孩子。

陪产在你的另一半看来可能有点不可思议。看到自己心爱之人的身体因为一个小生命的到来而扭曲、变形，对他来说也许是痛苦的。亲眼看着自己的妻子生孩子，有些爸爸确实会受惊过度。不过他本来想逃跑，看到你既渴望又恐惧，看到你满头大汗仍然咬着牙在努力，他会燃起一种想和你一起创造生活的渴望。不过也有的爸爸会在分娩以后才真正感到这种冲击力。

有时候因为社会压力，准爸爸不得不去陪产，但心里是一万个不愿意。这种恐惧会变相地表达出来，比如阑尾炎或牙痛等。为了躲避婴儿出世的奇观，男人有时什么都想得出来！

你有权生他的气……深呼吸，找回自己的平静，把你的怨恨完完全全地释放出来，免得以后天天给他脸色看。要知道，他是觉得自己做不到，他实在害怕。

比如你不想去做或者不想面对某些事情时，总会找各种各样的理由。原因是你的潜意识告诉你，你承受不了，所以尽管会自责，还是得找到一种办法来保护自己。将心比心，你会临阵脱逃，别人也会。

玛雅，34 岁

当时我在产房里，我老公突然肚子疼被紧急送到另一家医院的急诊室。我正在生孩子，我老公却在另一家医院，真是奇葩！

小贴士

尊重对方的"做不到"

如果丈夫不能陪产，不要数落他窝囊，也不要逼他。他可以在产房外面等你，也可以先陪着你，握住你的手，看着你的眼睛，到分娩的时候再出来。

姗姗，30 岁

我生第一个孩子是剖宫产的，所以没有那种自豪感。每次家里有人谈起她们分娩的经历我就不爱听，感觉自己不是一个完整的妈妈，我想再生一个。

要不要"硬膜外麻醉"？

助产士说如果能承受得住，就不要硬膜外麻醉，我认为这么说是有道理的。疼痛也是陪伴宝宝度过这一重大时刻的一种方式。"分娩"意味着宝宝的降生，如果麻醉用药过量，你会感觉不到身体内部的情况，宝宝就只能一个人孤身奋战。

理论上是这样的，但实际上如果疼得受不了，助产士问你要不要硬膜外麻醉时，你完全可以说"要"。每个女性对疼痛的敏感程度不一样，和运动员一样，你心理准备做得越充分，就越能忍受疼痛。

使用硬膜外麻醉一点都不可耻，也不是懦弱的表现，你有权让自己相对轻松地生孩子。明明可以少受点罪，干吗要和自己过不去呢？宝宝出来的时候你还是可以感觉到的，别担心哈！不过不管怎样，你都要做好忍受疼痛的心理准备，因为硬膜外麻醉的实施有时间限制，而且麻药有可能提前失效。

第 4 幕
生命的最初时刻

终于，你的小宝宝出生了！而且他有了自己的名字，真让人激动啊，这个名字你已经想了好几个月了，也和孩子的爸爸商量了好久。

分娩意味着怀孕结束，宝宝出生了。现在你不再是准妈妈，而是正式做妈妈了。你怀了他九个月，这九个月里，你和他说话，哄他在你肚子里睡觉，而仅仅几个小时，这种和谐就被打破了。好了，你现在得行动起来照顾你的小心肝了，哦，对了，新生儿看起来有点像外星人。不过不用担心，过几个小时他的头形就会变正常。

洛笛，29 岁

宝宝出生后的头几天，我很担心老公会批评我做得不好，不过他让我放心，还一直给我打气，让我相信我可以照顾好小宝宝。

父亲的支持

幸好，孩子的父亲在你身边。他会慢慢地了解宝宝，不过最最重要的是，他会支持你度过最初的艰辛。你从实践中一点一点学习怎么做妈妈，丈夫的目光会帮助你增强自信，对你成为一个妈妈起到决定性的作用。

不过呢，你开心不起来，分娩对你的冲击力很大，平复时间取决于分娩时间的长短、你现在的睡眠质量，以及有没有妊娠并发症等。不管怎么说，你现在都处在边缘状态，丈夫的怀抱会让你安心。你们一起迎接小宝宝，一起认识家庭新成员。面对巨大的疲劳，你需要支持。

你可能一想到小宝宝就会激动。你有了一种全新的感觉，一种要对小生命负责的感觉。如果你选择母乳喂养，你和宝宝之间的联结会进一步加深。这种联结让你既感动又害怕。你觉得肩上的担子很重，而丈夫又暂时帮不上什么忙。不过呢，丈夫的作用是让你安心，只要你能安心，宝宝就会安心。

父亲的存在在心理学上有很重要的意义，他能为新妈妈提供心理上的支持。

马琳，34 岁

在产科病房我实在太累了，就算我不同意保育员的决定，也不敢说出来。

他是你的孩子，和他有关的一切你都有话语权。尽管产科人员很负责、懂得很多，但在分娩后你会接触到许多医护人员，你将面对很多不同性格的人。

脐带护理时，七嘴八舌的声音可能还不多，但是到了要面对母乳喂养、体重增加、哭泣、吐奶、睡眠等问题时，医护人员和妇幼保健人员都会为你提供专业意见，也会根据他们自己的经验给你建议。当你对专业建议不满意时，你和丈夫必须站出来坚持你的选择。医护人员虽然是为了你和宝宝好，但不代表他们说的就是真理，在做决定之前可以多征求各方面意见。

母乳喂养还是奶粉喂养？

有些妈妈很快就能做出决定。经历过分娩以后你的想法可能会改变，但无论你决定母乳喂养还是奶粉喂养，你周围的人，包括医护人员都应该尊重你的决定。

我想母乳喂养

母乳喂养的宣传铺天盖地，简直像洗脑一样。只要你想母乳喂养，总能找到支持的说法：母乳喂养是母亲与生俱来的本能，是大自然赋予母亲的天职，是孩子不可剥夺的神圣权利，等等。有多少新手妈妈在小宝宝哭着要吃奶的时候自己也在流着泪？母乳喂养必须找到合适的姿势，免得自己过度疲劳；妈妈要放松，宝宝才会放松；你需要不断地摸索、调整和适应好几天，甚至好几个星期，才能开始享受母乳喂养。

看到宝宝津津有味地享受着妈妈的乳汁，如果你的另一半心怀嫉妒，你可以告诉他世界卫生组织建议至少在头六个月内进行母乳喂养。还有一个说法，就是经济原因。每个月几罐奶粉，半年下来一次浪漫旅行就没了！

小贴士

如何顺利地开始母乳喂养？

宝宝第一次吃奶时，请护士在场，协助你找到一个舒服的姿势。后面可以请专业的育婴师来家里，继续为你提供帮助。

如果你觉得乳房疼或涨奶，要立刻说出来，千万不要等到情况恶化。

跟宝宝的父亲明言，请他在身体上和心理上支持你，比如给你买个哺乳枕，在艰难的时候鼓励你等。

还是喂奶粉吧！

有的新手妈妈出于自身原因不想母乳喂养，这是你的选择，没必要过于在乎其他人的说法，也没必要特意和别人解释。有可能妇产科医生会找你谈话，这么做可以帮助你更好地理解自己，但也有可能让你很不爽。

也许你想保留自己的魅力。真的有必要和别人讨论这个私密问题吗？你不希望另一半看到自己变成一头奶牛？有必要说出来吗？其实你心里最清楚也最了解自己的"不愿意"。

每三个小时喂一次奶，让你觉得和宝宝的联系过于紧密。你快透不过气来了，你需要喘口气儿。有了奶粉和奶瓶，爸爸白天黑夜都可以照顾小宝宝。这一点相当重要，可以帮你保存实力，在面对孩子这个那个诸多要求时不会感到孤立无援。

回家喽！

现在你的小家完整了，你们三个人在家里，你很激动，但也很累。一定要记住，接下来的一个月里会特别辛苦，除非你的宝宝是个安静的孩子，能够让你晚上睡个好觉，只有在这种情况下，你才会发现做妈妈是一件很幸福的事情！

新手父母：沟通很重要！

记得关心一下孩子的爸爸，他往返于家和医院、为你跑腿办各种手续、接待客人，还要处理他自己的情绪，他的疲劳程度不亚于你。人在极度疲劳的时候，就会容易着急上火。所以也请注意你的说话方式，尽量减少制造额外的压力。你们最需要的是告诉自己"我能胜任这份工作"，并承担起做父母的责任。

小贴士

新手父母沟通时要注意什么？

▶ 不要攻击对方。

当你表达自己的担忧时，不要对另一半横加指责，这会让他觉得自己是个不称职的父亲。

用第一人称表达自己的感受："我很急，因为他在哭"，要是你说"孩子怎么到你手里就一直哭？"，他很容易就会觉得你在说"你做错了"。

▶**说什么？**

你要对自己的能力有信心，你的另一半也是！

注意不要对他的话过于敏感，他不是故意刁难你！

说者无心，听者有意。找一个时间心平气和地告诉他哪些话让你不舒服了，这样可以避免误解。

▶**收获**

自己开心；

夫妻关系更和谐；

宝宝更平和。

回到现实 1：产后的情绪低落？

像所有新手妈妈一样，你想象自己和好友喝着咖啡，宝宝在躺椅上一个人咿咿呀呀。"你看，约会带娃两不误。"什么，这也是骗人的？其实也不是完全骗人，只是她没有告诉你全部细节。她没有告诉你她有多辛苦，她多少个晚上没有好好睡觉，尤其是没有告诉你产假期间她有多孤独。很多女性把育儿理想化了。

马丽，28 岁

我对育儿假的看法不同，挺难熬的，时间过得很慢。

大约有 42% 的女性会在产后 3~10 天内出现产后情绪低落的情况。你有这些症状吗？

·超级敏感（没来由的情绪化，时而生气，时而流眼泪）

·食欲缺乏

·睡眠质量差或失眠

·思想不集中

你知道吗？这就是产后的情绪低落，是一种相当普遍的产后反应，主要与妊娠和分娩有关，也有一部分是因为身体激素变化导致的（雌激素和孕激素突然下降）。它是母亲责任感的一种表达，但如果你情绪低落超过 15 天，则被称为产后抑郁症。

应对方法

*把你的情绪说出来。诉说给你亲密的亲人或朋友听。

*把你的情况大大方方地告诉专业人士。你需要陪伴，需要安心，慢慢地你会找到平衡。

小贴士

缓解产后情绪低落的建议

*每天安排一项有趣的活动。

*安排一次短途旅行。

*向身边的人表达自己的感受，并寻求帮助。

回到现实 2: 产后抑郁症

据统计，产后抑郁症的发病率为 10% 至 15%，一般在产后六个月内出现，可持续数月甚至一年。

你有以下症状吗？

灰心丧气

哭泣

不开心

内疚

焦虑、疲劳和烦躁

对孩子有矛盾情绪

有产后抑郁症症状后应当及时就医。与儿科医生谈谈，他们会为你引荐精神科医生或心理治疗师。治疗方法包括心理咨询和服用抗抑郁药物等。产后抑郁的症状可能突然出现，也可能很快消失，有效的干预可以帮助你尽快走出来。

阿梅，34 岁

女儿出生后，我给自己安排了很多活动，约会、郊游……每天都过得很充实。

回到现实 3:　产后精神病

产后精神病的发病率为千分之一，属于比较严重的产后精神疾病，可能会有以下情况：

精神紊乱

疲乏无力

烦躁不安

情绪变化快

感到绝望和羞耻

出现幻觉

语速过快或躁狂

……

躁狂的症状有很多，比如思维过快、言语增多、兴高采烈、睡眠减少却不感到疲倦……

躁狂属于精神障碍，是需要治疗的，甚至需要住院治疗。大多数情况下，患者无法感知自己病情的严重性。如果这种情况发生在你身上，或者是你身边的人身上，不要着急，可以先咨询医生。

有这些症状并不是说你疯了，只是分娩的强度太大，人承受不住，情绪积累到一定程度就通过症状表现出来。下一次怀孕的时候记得把自己的情况告诉医生，请他们给予特殊的照顾。产后精神病不一定会复发，但预防胜于治疗。

小测试

考考你

1. 孩子是仙鹤送来的。

□ 对　□ 错

2. 胎儿抚触可以帮助准爸爸与宝宝建立联系。

□ 对　□ 错

3. 母乳喂养很容易上手，这是母亲的本能。

□ 对　□ 错

4. 你可以不哺乳，这是你的权利，无须对别人辩解。

□ 对　□ 错

5. 产后的情绪低落是一种疾病。

□ 对　□ 错

答案：1：错；2：对；3：错；4：对；5：错。

第二章

多多关怀新手妈妈!

▼▼▼▼▼▼

导语

　　做妈妈是女性人生中的一件大事。你的身份变了，随之而来的情绪变化也很大，大得让你惊讶。

第 1 幕
全世界只剩下宝宝了!

宝宝很可爱，但你也需要被关心。不要不好意思告诉周围的人，你也需要他们的关注。

依莎，24 岁

自从生下双胞胎女儿，我觉得自己像个透明人。每个人都只会问我孩子好不好，我说，喂，我还活着呢，而且活得不咋地!

我是某某的妈妈

自从有了孩子以后，你不再是你自己了，甚至连名字也没有了，变成了某某的妈妈。在最初的骄傲过去之后，你开始讨厌这种没有自我的感觉。

九个月以来，你的妈妈、朋友一天三遍地从邻居那儿打听你的情况。你身体好吗？吃得好吗？睡得好吗？不过呢，其实你知道她们真正关心的是什么。对了，就连婆婆也突然开始关心你了，不，是关心她的孙子。

现在宝宝是一个个体了，虽然他只有 3.126 千克！现在所有人都把注意力放在他身上，让你又难过又生气。这也是正常的。宝宝确实很可爱，但你这个大活人在旁边，她们完全可以顺便关心一下你的感受。很多新手妈妈都会抱怨自己被忽略。周围人的这种态度会让你更提不起对生活的兴趣。

小贴士

给新手妈妈带份礼物!

拜访新手妈妈时，记得给她带份小礼物，一束鲜花，一块巧克力都行。看到自己的宝宝很受大家喜爱，新手妈妈会觉得很幸福，同时她也很敏感，希望自己也能得到关注。

让自己变漂亮

"小宝宝真是太可爱了!"十几个亲戚你一句我一句,没有一个人注意到你。拜托!你刚刚生完孩子,身体还没康复呢!

当然了,你看起来容光焕发,只是这油腻腻的头发可以拾掇拾掇,穿睡衣睡裤见人也不大适合,别人的一句"亲,你气色真好"便可以让你恢复点儿自信不是?

摄影师不明白你为什么上午9点还把她晾在外面,因为出门前你决定还是打扮打扮,至少穿着得体吧,穿睡衣拍照实在说不过去呢。亲戚、朋友、保育员、催乳师,要是家里来来往往的人太多,可以装一扇防盗门,再加一个对讲机——"喂?哪位?现在不行,我还没穿好衣服呢,过20分钟再来吧。"

小贴士

有人来看你时……

找出被遗忘的化妆包,把自己变美会很开心哦。

穿得宽松一些，自己感觉舒服、得体就好。

让客人来的时候提前说一声，万一你觉得状态不好还可以改时间。

第 2 幕
回忆童年

当你做妈妈时，难免会想到自己的母亲，想到自己出生的时候。

马蒂，24 岁

我父母在我很小的时候就分开了，而且我妈妈后来生活很不稳定。而我想尽力给孩子一个真正的家，所以现在辞职在家做全职妈妈。

跟随母亲的脚步

你会像自己的母亲一样做个好妈妈吗？你会犯同样的错误吗？妈妈生下你没多久就去上班了，妈妈没有按时来接你放学，你还在耿耿于怀吗？你想到自己还是个小女孩的时候，想到自己对妈妈的不满：妈妈管得太多，妈妈总是不陪你，妈妈对你冷冰冰的⋯⋯

那么你呢，你会做得比她好吗？现在，你能够换一个角度看待自己的母亲了。尽管她有各种不足、各种缺点，但是母亲孕育你、照顾你、保护你。你意识到自己的母亲首先是一个女人，她有自己的困难，就像今天的你一样，也有自己的困难。是她经历了千辛万苦把你养大成人。想到这里，你的心里涌过一阵温柔，她是让你又爱又恨的妈妈。

你会选择和母亲走同样的路吗，还是走自己的路？不管你是忠实地追随母亲也好，还是不惜一切代价另辟蹊径也好，最后多多少少都会发现有父母的影子在里面。不过呢，即便你对父母的教育方式很反感，也要留心不要走向另一个极端哦！

重温早年经历

宝宝还这么小就花费了你那么多时间和精力，给你带来了那么多情绪⋯⋯做妈妈好像不那么容易呢。以前你照顾别人家孩子的时候，大家都说你很放松，把小宝宝照顾得很好。但今时不同往日了，你发现照顾宝宝不是一天两天的事情，而是一辈子的责任，更何况目前这个小家伙是100％地依赖你、需要你。其实做妈妈不仅需要你转换到母亲的角色，而且需要你重新审视自己作为女儿的经历。

对于那些从小就命运多舛的孩子来说，做妈妈可能会引发强烈的情绪。早年经历过过早与妈妈分离的孩子是靠着"妈妈的替身"长大的，这个替身可能是奶奶，也可能是保姆或者老师。如果这个"妈妈"是可靠的，孩子的心里就会有安全感，能对自己、对生活发展出自信。但是，这种早期分离的痛苦会被生活事件所触发，所以当你自己成为妈妈时，你可能会重温童年时期的强烈不安。

她的故事

苏妮在六个月大时被收养，她对自己的亲生父母一无所知。当她成为母亲时，她非常激动，同时对自己的出生历程和被抛弃的原因产生了很多的疑问。
于是她决定接受心理咨询，看一看这些
情绪来自哪里。通过咨询她发现，是宝
宝的出生让她想起了自己被遗忘的童年。
她感到平静多了。

第 3 幕
让自己喘口气儿!

当然了，你现在已经是一个妈妈了。但是，你
首先是一个人，你活在这个社会上，有自己的需求
和渴望，给自己一点空间吧!

佳洛，30 岁

和朋友在一起待了半天，我觉得我又找回了自
己。我重新骑上自行车，做回原来的自己，真的觉
得轻松好多啊!

再也没有自己的时间了!

曾经有朋友提醒你:"好好享受,睡个懒觉,以后你再也不会有自己的时间了!"你万万没有想到,真的是"再也没有自己的时间了"。

你本来以为,只要喂好奶、换好尿布,就能做会儿自己的事情,但现实情况是,下午2点你还穿着睡衣,没洗脸、没化妆、也没吃饭,你还说不出这一天到底做了些什么。

很明显,本来很有条理、堪称时间管理达人的你,和其他妈妈一样,如今的时间已经完完全全地被宝宝占据了!经过两个月的摸索,你终于领悟了,腾出一点时间给自己才是生存之道。

小贴士

重新找回生活的乐趣

冲个澡(不要少于4分半钟哦)。

泡泡浴(不限时间,泡到舒服为止)。

窝在沙发上发呆,享受几分钟的宁静。

给自己30分钟和朋友打打电话,聊

聊天。

在露台上喝杯咖啡，晒晒太阳，翻翻自己最喜欢的杂志（邮箱里已经堆了6本，你还没时间看），对了，不要带婴儿车，更不要带宝宝。

在3分钟内离开家，别带购物清单，让自己在广阔的天地间自由3个小时。

两手插在口袋里，散散步。

和别人聊两句，别想着家务还没做完，宝宝还在哭。

宝妈的日程表

不工作就意味着少了很多社交，如果你之前在家里待过一阵子你就知道，人越是不动，就越不想动……

也许是害怕空虚，所以不停地给自己找事情做？以前你一天当两天用，现在呢，看看，你一个星期要做的事情就这么点儿：

星期一： 列出家庭购物清单

星期二： 买做煎饼的食材，邀请朋友来吃

星期三： 和朋友一起做煎饼、吃午餐

星期四： 见儿科医生和买生活用品

星期五： 给房子来个大扫除

哟，今天是星期六，你的好多朋友已经关在办公室忙了一星期，你很高兴可以和她们聊聊，倒倒苦水，谁知道她们告诉你：老板很变态、压力很大，你可以整天在家里陪孩子是多么的幸运。啊，啊……怎么办呢？还是找新手妈妈聊聊吧。

宝宝虽然可爱，但带孩子总是苦乐参半的（每天换五次睡衣，看儿科医生，果泥吃到吐……），尤其是一堆的琐事让你受不了，还要面对突如其来的与世隔绝。你想起了过去和朋友在一起的时光，那时候多开心啊，而现在，你忙着照顾小宝宝，24小时连轴转。到了周末你终于有时间出去透口气，你觉得自己快要被世界遗忘了。

玛莉亚，32 岁

在纽约时，我的社交活动很丰富。带宝宝回法

国后，我加入了美国妈妈群，我希望能多一点社交，因为我感到很孤独。

出去走走!

人多一点会让你更有参加活动的动力。你不是抱怨没时间看展览、没时间去外面逛逛吗？你在等什么呢？！况且宝宝也有社交的需求，你发现没有，当他看到以前没见过的人，尤其是其他小朋友时，他会异常兴奋。

虽然给宝宝按摩、上游泳课是妈妈义不容辞的责任，但也不要忘了自己。尽管你是母亲，但你完全有权利拥有自己的兴趣爱好。

你以前每个星期二晚上会去上雕塑课，但有了孩子以后你不去了，为什么呢？太贵了，还是省点钱吧……和自己开心比起来，你更想给宝宝买一件可爱的小衣服。当你听到别的妈妈说自己为了孩子节衣缩食的时候，你是怎么想的？

不得不说，法国的育儿工作坊还不是很多，其他国家已经有一些针对婴幼儿的亲子工作坊。

这类活动很受欢迎，也很有必要，因为，母亲她首先是一个人。你可以咨询一下，看看你家附近有哪些活动。

也可以到妇幼保健院打听打听：哪边资源比较集中，可以找到育儿场所？

第 4 幕
把自己放在第一位！

做妈妈以前，你倾听过自己的需求和渴望吗？做妈妈可以让你从另一个角度看待自己。

苏妮，32 岁

我没有什么兴趣爱好，一个人的时候总是不知道该做什么好。

你动手能力不强，也没什么创意，既不聪明，也不怎么运动……不过呢，俗话说得好，熟能生巧。其实你有很多优点，只是你不想表现出来！现在就开始行动吧，当你看到自己的作品时就会更有动力啦！

小测试

女人有千百种，你是哪一种?

1. 小时候：

a. 你喜欢发明各种新玩法。★

b. 你总是找其他孩子一起玩。◆

c. 你不太合群。▲

2. 当你可以自由活动的时候：

a. 你觉得很无聊。▲

b. 你"嗖"的一下拿出手机。◆

c. 你鬼点子超多，从来不觉得无聊。★

3. 和朋友聚会：

a. 你喜欢成为焦点，哪怕自己像个小丑。◆

b. 你不喜欢参加大型聚会，因为小团体可以和别人有更多交流。★

c.你听得多，说得少，觉得没什么好说的。▲

4. 旅游：

a.你每年都去同一个地方。▲

b.你说走就走。★

c.你准备周密，可谓有组织有计划。◆

5. 你的身体状况：

a. 比一般 40 岁以下的家庭妇女要好。★

b. 哎，不提了……▲

c. 能撑得住，还不错。◆

6. 成为母亲：

a.填补了你生活的空虚▲

b.让你有了新的渴望★

c.你不得不放慢了追逐事业的脚步◆

如果你◆占多数，表示你像马达一样转个不停。

所有人都告诉你，你太折腾了。你屁股坐不住，刚到一个地方就想着走了。你很忙碌，不断地给自己找事情做，根本停不下来。你不知疲倦为何物，整天像打了鸡血一样。你在追逐什么？这难道不是一种逃避吗？

照顾宝宝让你不得不放慢脚步，跟着宝宝的节奏来。或许你一直以来都在疲于奔命，歇一歇吧，让自己喘口气，你会发现自己其实可以慢慢来。

"无所事事"可以让我们面对自己，发现自己。如果你从早到晚地忙个不停，哪里有时间去天马行空，发挥想象力、创造力呢。试试什么也不要做，看看会发生什么。

也许突然之间停下来，会让你觉得不知所措，有点茫然若失。其实，我们做得越多，思考得就越少。拼命地工作、加班、熬夜让人有安全感、有价值感，但不利的一面是，一旦发生触发性事件，抑郁情绪会在你毫无防备的情况下把你击垮。此外，保持高速运转还可能是你自我麻醉的一种方法，好让自己不去触碰过去的伤痛，你发现没有，这挥之不去的抑郁情绪其实是在帮你掩盖伤口。怎么办呢？直面痛苦，放下防御，也是对自我的一种保护。

如果你★占多数，表示你很有创意。

无聊是什么？朋友抱怨另一半不在时很孤单，你完全无法理解。尽管你喜欢二人世界，但当你没有自己的空间时，你会觉得要窒息。独处是你给自己充电的方式。你享受独处，乐在其中。独处是你创造力的源泉：写作，绘画，烹饪，摄影……你喜欢在各个领域探索和学习。

尽管这些爱好得暂时先放一放，孩子的到来还是给你带来了巨大的喜悦。你迫不及待地想看着他长大，带他去发现各种乐趣。对你来说，养育孩子也意味着把你的兴趣爱好传递给他。

如果你▲占多数，表示你很谨慎。

虽然你已经做妈妈，但你首先是一个人。你是缺乏兴趣还是觉得自己的兴趣爱好不值一提呢？这两者的差别很大。如果你倾向于贬低自己，那么母亲这个身份会让你重新发现自己的价值。说不定你会对和孩子有关的事情感兴趣，比如学习缝纫，给宝宝做衣服。你以前总是很难开始去做一件事情，但你现在已经开始了，生孩子不就是开始新生活吗？做妈妈还可以让你换一种方式去生活。以前你从来不敢发表意见，现在可由你说了算。感觉还不错？那太好了。

小贴士

10 个点子，让你做点不同的事情

＊练习 10 千米慢跑，终于有机会和同事一起跑步，还有了自己的小目标。

＊研究新菜谱，加点自己的创意，别忘了请朋友来尝尝！

＊找一副拼图（1000 片），时不时玩上个 5 分钟或 1 小时。

＊动手做小礼物：用小可爱的照片做一个马赛克托盘。

＊重新装修一下房间，事先考虑好颜色、材料、布料、家具。

＊上几节缝纫课，用妈妈的旧机器自己操练一下，先从窗帘或被套下手，简

单有效。

＊给自己报名学艺术史，在家里啃啃书。

＊写写儿童故事、新闻、日记，等等。

＊在花园或阳台种点花花草草，香料也不错，又好看又能吃。

＊安排一次旅游，功课先做起来！

你还能想到其他好点子吗？

自我牺牲的母亲？

有些女性觉得自己没有兴趣爱好，这种想法往往可以追溯到童年。

一副重担

她的故事

瑟薇说："十几岁的时候，我什么都不想要。"她以为是自己没有兴趣，后来发现这种没有兴趣和她妈妈酗酒有关。"我不想离开妈妈。"做自己喜欢的事情、离开家,等于变相地抛弃了父母。如果你的孩子看到你在享受自己的生活、工作、爱好和人际关系,他会感到自由而解脱,因为这样他就不必待在你身边填补你的空白。

父母的牺牲,对孩子来说是一副重担。一个孩子要是知道父母除了他,对别的事情都不感兴趣,他会非常沮丧,甚至会变得无能。一些重度抑郁的父母,当孩子表现出想独立的时候,会故意让孩子产生内疚感,于是当孩子对外部世界产生兴趣时,便会觉得自己背叛了父母。在某些情况下,他甚至会担心父母的安危:"要是我上舞蹈课时妈妈想不开了怎么办?"

解决办法

允许自己全身心地投入生活

父母的痛苦会让孩子产生内疚感，这种内疚感会暗中破坏、夺走孩子生活的能力。有些孩子成年以后，仍然不允许自己为自己而活。这就是为什么有些人一把年纪了，还总待在老妈身边，对谈情说爱没有半点兴趣。其实父母也好，孩子也好，这些机制都是无意识的，父母这样做并不是出于自私或恶意，而是源于他的人格缺陷。

孩子会坚信父母的痛苦是他造成的，都是他的错，是他不够好。成年后，他仍然对什么都不感兴趣。

为自己而活

不管有多难，你都必须脱离母亲，过自己的生活；同样的，以后你也必须和孩子分开，让他过自己的小日子。

艾莱，36 岁

　　我老家在阿根廷，现在父母还住在那里。每天晚上 8 点钟，我都要和他们视频，让他们看看小外甥！即使我很累很忙也从来不敢对他们说个"不"字。

心理上断奶！

　　距离不能解决问题。有人和父母一起住，但她心理上是独立的；有人为了和妈妈分开跑到世界的另一头，但心理上还是妈妈的好宝宝。我们这里说的分离，主要是心理上的。

　　与母亲保持一定的心理距离不是一天两天可以做到的。如果你母亲是"过度控制型"的，在你决定和她保持距离后，你们的关系会在融洽和冲突之间反反复复。

　　现在你自己也做妈妈了，你可以明确要求母亲和你保持一定的距离。要是你怕这样会伤害到她，不敢明确自己的界限，或者你觉得没有了母亲在身边你就不行，你的内心可能会悄悄滋生一种愤怒，愤怒慢慢累积，一有机会就会爆发出来伤害你和母亲之间的关系。如果你能和母亲保持恰当的距离，你们的关系就不会这么剑拔弩张了。

给孩子空间

如果小时候妈妈没有给你足够的空间，你会担心自己和孩子联系太紧密吗？

不用担心，也不必对孩子冷冰冰的。他在你肚子里待了九个多月，出生以后也是你一直陪着他，他需要你的温暖和陪伴，你只要安心做个充满爱意的妈妈就好了。重要的是你的教育方式，有没有从小允许孩子有自己的想法。

如果你总是忽略自己，就会对孩子过度投入，心里眼里只有他，三句话离不开孩子，然后你会发现朋友们在一点一点地疏远你。如果一个妈妈对孩子过度关注，那么和孩子分离对她来说就会很难，而且她也很难让孩子相信他们自己的能力。妈妈和孩子像是变成了一个共同体，有相同的需求、相同的渴望。她觉得孩子没有她便活不下去了，她想要抓住孩子生命里的一切，不放过一丝一毫。问题是，这种控制欲还会随着孩子长大愈演愈烈，孩子越逃离，她越想控制，越想夺回主动权，以至于孩子穿什么衣服、和谁交朋友，甚至和谁谈恋爱，她都要管。

小贴士

有关孩子的个人卫生：

如果他想自己洗澡，就让他自己洗。

告诉他，想便便的时候说一声，他要关门就给他关上。

给他空间，让他自由探索自己的身体。

独立宣言

孩子要是对妈妈的控制不满意，他会用自己的方式去反抗。比如吃饭、上厕所，他可以满足妈妈的要求，也可以不满足。换句话说，要让你头疼，他自有办法。

他只要不吃饭、不拉粑粑，马上就能引起你的注意，让你着急上火；他终于拉出来了，你也松了口气。

孩子一天天长大，通过与身体的关系来感知自己。在这个阶段，他通过掌控排泄获得乐趣和快感，同时他发现，排泄不仅有生理乐趣，也会影响到父母，"爸爸妈妈好像对我的便便很关心嘛"。是的，很多妈妈会因为孩子便秘去医院门诊咨询。

宝宝两岁了，他已经不再是小宝宝了，他想告诉妈妈他多多少少可以照顾自己了，也想让妈妈知道，虽然妈妈有权利掌管他生活的方方面面，他仍然拥有发言权，尤其是对自己的身体。

小贴士

心理学小知识：肛欲期

肛欲期是孩子自我认识、自主学习和自我控制的阶段。在这个阶段，孩子发现与排泄有关的行为可以对父母产生影响，于是他通过拒绝或接受父母的要求，通过立即满足或延迟满足自己的需求来表现其自主性，这一时期幼儿主要通过粪便的保留和排除以获得快感。

没有完美的父母

　　谁说不是呢？过度控制，孩子会因为你的焦虑而焦虑，很难关注他自己的人生；不关注孩子，或者太过疏远，他会觉得被抛弃或缺少关爱。不管你怎么做，孩子都希望你这样、那样，总之不能对你满意。孩子会在你的影响下用自己的方式慢慢长大，你只要对他表现出适度的关注，再给他一点儿自己的空间，就已经是个不错的妈妈了。

　　心理专家让你觉得自己这也不对、那也不对？别着急，就算没有他们，孩子也很快会告诉你，你是不是个好妈妈。其实到了青春期，孩子要是没对你有意见，还真不是件好事呢！整个童年时代，孩子都把你理想化了，现在，理想父母的形象破灭了，所以他才会"攻击"你。咦？原来妈妈不是完美女神，爸爸也不是超级英雄。

理想父母的幻灭

　　孩子沉迷在这种幻象里，爸爸妈妈一直是他的骄傲，因为他们什么都懂、什么都会做，简直完美无缺……直到青春期突然梦醒，父母的缺点跃然眼前，实在很残酷。他发现原来妈妈只是个"普通人"，他接受不了，他很受伤。理想父母的幻灭和童年时代的结束造成了青春期危机。孩子想成为他自己，所以会和父母产生大大小小的冲突。

没有经历过青春期危机的孩子，到了成年以后会经历其他形式的危机。要是孩子到了 25 岁还是个乖宝宝，那你可要当心了。所以呢，在青春期风暴来临之前，好好享受孩子的童年吧！

小测试

考 考 你

1. 你生完孩子住院期间，丈夫有权拒绝访客来探视。

　　❑ 对　❑ 错

2. 为了更好地教育孩子，最好全身心扑在他身上。

　　❑ 对　❑ 错

3. 黏着孩子，就是控制孩子，不考虑他的想法。

　　❑ 对　❑ 错

4. 孩子会通过拒绝进食或拒绝排便来向妈妈表达对独立的渴望。

　　❑ 对　❑ 错

5. 照顾小宝宝不是要你切断所有社交生活。

　　❑ 对　❑ 错

6. 孩子到了十几岁要是没挑你毛病，是个好现象。

　　❑ 对　❑ 错

答案：1：错；2：错；3：错；4：对；5：对；6：错。

第一季度销售曲线图

第三章

全职妈妈 VS 上班族

▼▼▼▼▼▼▼

导 语

上班还是不上班？兼职还是全职？育儿假休多长时间？半年？一年？还是三年？所有准妈妈都会考虑这些令人头痛的问题，而想得最多的一个问题是："我想做一个什么样的妈妈？"其实你早就知道怎么做对孩子最好。第四次了，你一边涂着睫毛膏，一边在想：

☐ 我绝不会像自己的妈妈那样管头管脚，我会尽量给孩子自己的空间。

☐ 孩子的成长只有一次，我不想错过，等到宝宝学会走路再去上班吧。

☐ 我要不惜一切代价，为我的小可爱做小点心，像我妈妈曾经为我做的那样。

☐ 未雨绸缪，我永远都不会完全放弃工作。

第 1 幕
给得太多了，还是给得太少了？

不管你是否认同自己的妈妈，都会拿自己和妈妈比较。上班族或全职妈妈：幸福、牺牲、被遗忘……各有各的滋味。只要你对自己的选择是满意的，宝宝就能适应你的选择。最重要的是，在考虑宝宝需求的同时，你和你的另一半也要找到各自的位置。

宝宝的需求：你的陪伴

你关怀的目光会让宝宝安心，因为你就是他的全世界。在人生的最初阶段，他对你是 100％ 的依赖。和其他动物比起来，人类的婴儿在出生时还是个"半成品"，需要很长时间才能独立。只有在父母的保护和照顾下，他才能在这个世界里生存。你哺育他，滋养他，教他信任自己、迈出人生的第一步。在宝宝生命的头几年里，你越是多陪伴他，多给他安全感，他就越能信任自己，等他羽翼丰满，便会有信心靠自己的力量去飞翔。

有人问你："如果孩子一哭你就抱，他怎么学会独立？"你只需回答两个字"呵呵"。没必要给他解释，在孩子两个月的时候谈独立还为时过早！

到了宝宝三个月大的时候，你会明显感觉到不一样。这时候他已经长成杂志封面上那种胖娃娃了。他哭的方式也不一样了，听上去没有以前那么无助了。慢慢地，他可以安静地待在爬爬垫上，东爬爬，西爬爬，前进，后退。接着他越来越喜欢社交，他会自己吃饭，像大人一样洗澡……然后有一天，他郑重其事地告诉你，他会自己做巧克力了，好小子，他已经是1.8米的大个子了！

艾曼，27 岁

我差点要哭了！我把丽丽送到保姆家她都没哭。保姆家有一个小男孩和她一样大，她很高兴有小朋友一起玩了！

留出一定的时间给孩子

宝宝需要和你在一起，在你的怀里寻找温暖，如果妈妈不在他就会焦虑。但在妈妈离开后，有别的人来抱他、安慰他，他就会发现即使妈妈离开一会儿，他也能存活下来，而且妈妈走了还会回来。所有的这些对小宝宝来说都是十分重要的体验。

当然了，你需要根据宝宝的月份大小来决定分离时间的长短。尽管陪伴的质量比时间更重要，但一定要留出一定的时间给孩子，在这部分时间里，全心全意地和他在一起。

宝宝在头三个月里会特别需要你的陪伴，需要和你产生联结。如果你很累很烦躁，可以让你信任的人来带他一会儿，甚至带几个小时，否则你和宝宝两个人都不好过，因为在生命的最初时刻，宝宝对你情绪的感受是最直接、最敏感的。

宝宝慢慢长大，到了新的环境或者看到陌生的人时会觉得开心。他会发现生活里除了妈妈还有别的，这让他感觉很轻松！

小贴士

心理学小知识：独处的能力

如果头几个月，妈妈能陪伴小宝宝并适当地满足他的需求，他就能发展出独处的能力。他知道在自己难过的时候妈妈会来安慰他、帮助他，有妈妈的保护，他很放心。在这样的环境里，孩子会发展出内在的安全感，不会动不动就找妈妈，这是孩子情绪成熟的第一步。

独处的能力首先是在妈妈在场的情况下发展起来的，前提是妈妈允许孩子自己去体验、去发现。如果孩子一有点需求，妈妈立刻就察觉并立刻去满足，他就会觉得自己离不开妈妈，只要妈妈不在，他就会觉得孤独、痛苦。

大家庭的一员!

孩子不会单靠着物质长大。这就是孩子和小猫的区别。宝宝需要的不仅仅是吃饱、穿暖，他是靠着和你之间点点滴滴的联结慢慢长大的，他需要知道他可以依靠你。

孩子是你和另一半的结合体，他把两个家族联系在了一起，这是孩子的起源，也是他的根。你可能会给他办满月酒，或者有其他某种庆祝仪式来迎接孩子加入你们的大家庭。你会发现自己有意无意地把家世和出身讲给孩子听，让他成为大家庭的一员。孩子不只是夫妻两人结合的产物，他属于两个大家庭。

你的宝宝和大家庭之间有哪些联系？

他的名字和家人有关。

你准备一岁之前带他回老家看看。

你时不时地会给他看看家庭相册。

如果你和家里的关系不好，可以简单地给他解释一下他的身世。家里的事有时候是很复杂、很痛苦的，但千万不要胡编乱造，孩子要是知道之前听

到的是假的，会觉得自己被骗了。同时，在给孩子
讲他的身世时，也可以说说你自己的故事。

阿莱，26 岁

我不想错过孩子的成长，哪怕是一点点。我表
姐的儿子和保姆在一起的时间比和他妈妈在一起的
时间还要多，是保姆把他带大的！

找保姆？

为人父母和花多少时间陪孩子不是一个概念。
你是孩子的妈妈，你的孩子终究要靠你来抚养。如
果托给保姆照顾的话，要找一个可靠的人，保证他
的身心健康。

为什么不想让保姆来带孩子？

一是怕孩子出意外。

说到把孩子托给保姆，没有一个父母是完完全
全放心的，尤其是孩子还不会说话的时候。他还那
么小，那么脆弱，万一你一走，这个表面上和气的
保姆突然变成老巫婆怎么办？她把家里值钱的东西

都拿走怎么办？要是把孩子送到保姆家，保姆家又没有摄像头。说到摄像头，必须马上给家里装一个。于是，宝宝才三个星期大时，你就在他的房间里装了摄像头。小心一点总是没错的。

对于这个保姆，你到她以前工作过的人家那里了解过吗？宝宝看到她开心吗？你信任她吗？相信孩子的感受，也相信自己的感受。如果宝宝吃得好，睡得香，早上醒来笑眯眯的，说明这个保姆还不错！

更何况，你自己或者家里其他人带宝宝的时候也有可能发生意外，如果宝宝在你的眼皮子底下出事，你可能一辈子都走不出这个阴影。再说了，漫漫人生路，到处都是坑，你不可能照顾他一辈子！

二是怕会错过孩子成长。

很多妈妈怕错过孩子第一次开口说话、第一次自己走路。和所有妈妈一样，宝宝的成长永远是妈妈眼里一道美妙的风景，而且自己家宝宝永远是最可爱的！

整天和孩子在一起，你是享受每一刻呢，还是被疲劳压垮？你怕错过什么？孩子又不会飞走。确实，他又有进步了，你不在的时候他又有了新的体验……可那又怎么样呢？你怕他会和你不亲？别忘了，以后的每一个白天、每一个黑夜你都会和他在一起，你会开心地看着他一点一点长大。

三是怕孩子会想你。

经过几个月的朝夕相处，分开的头几天对你和宝宝来说都会很难。这种感觉就好比，你和另一半出去度假，你们无忧无虑地过了三个星期，而星期一早上闹钟一响，你们不得不回到现实。还记得吗？很久以前，你们的"烦恼"是：我们是先去海边，还是先去咖啡馆写明信片？要不还是在床上躺着吧？

试着和孩子分开，过几天你就会发现你们俩都找到了自己的小幸福。你在办公室的楼梯间扒着八卦热点，而宝宝在他的小天地里用脚丫子画画！

第 2 幕
工作：产假前 / 产假后

产假像是一个分水岭，产假前后感觉大不相同。重返职场会让你发现新的自己。下面几个问题可以帮助你更好地给自己定位……

小测试

重返职场，你的感受是？

产假前……

1. 工作是：

a. 单位是你的第二个家。★

b. 让你有机会社交。▲

c. 吃吃东西，喝喝酒。◆

d. 你的灵丹妙药，你的生命之泉。●

2. 你的职业道路：

a. 是意外，是巧合。◆

b. 一直都很明确。▲

c. 目标很高，而且你会竭尽全力达到目标。★

d. 你一点一点地找到了属于自己的路。●

3. 你认为你的工作是：

a. 漫长的 8 小时。◆

b. 为了保持领先地位，你不停地在努力和战斗。★

c. 一连串的问题和重大变化。●

d. 不断地在发展、变化。▲

产假后……

4. 你在想：

a. 我这是在干吗呢？●

b. 比以前更糟了！◆

c. 哈哈，我复活了！★

d. 回归社会的感觉挺好的。▲

5. 你已经决定：

a. 像以前一样朝九晚五，把宝宝给别人带。▲

b. 放慢脚步。★

c. 再也不要看到老板了。◆

d. 转行。●

如果你●占大多数，表示你对工作有了新看法。

你一直都很清楚自己的职业道路该怎么走，一直都在向前冲。但是现在，做妈妈让你的兴趣、追求和生活重心都和以前不一样了，你已经不再是从前的你了。你一改往日的作风，开始以退为进。休产假的时候，你一直在思考："我到底想要什么？"现在，你不再是从工作中发现自己，而是希望能够通过工作找到更多的意义。你改变了，变得更好了。生活没有停滞不前，你的追求也不是一成不变，一切都在发展、在变化，你也一样，你在思考自己在职业道路上能有哪些新的突破和转变。

如果你★占大多数，表示你是个不折不扣的工作狂。

工作就是你的兴奋剂，给你带来源源不断的能量。做妈妈以后，你突然意识到不能再以同样的节奏蹦跶下去了，必须做出选择，而且，你觉得和视频电话比起来，晚上和孩子一起看看小人书会更好。你工作节奏很快，出差频繁，休息时间也不固定，问题是：你要继续这样吗？你能找到解决方案和折中办法吗？万一发生突发情况，你知道该怎么安排吗？你已经和另一半提过了，必须为宝宝做出一点牺牲！

如果你▲占大部分，表示你想兼顾工作和孩子。

你不会让工作停顿下来，因为你很喜欢、也很看重自己的工作，而且产假后你很需要回归社会。对你来说，工作很重要，下班后的生活也很重要。不过既然可以兼顾工作和孩子，为什么要在这两者里面做选择呢？你不明白为什么大家总说"很难平衡工作和家庭"。你喜欢工作，而且有人帮你照顾孩子。鱼和熊掌可以兼得，不用二选一！

如果你◆占大多数，表示工作就像你的一日三餐。

每到星期天晚上你就特别丧？看看你周围，有多少人工作时就像行尸走肉。你的工作就像是别人硬塞给你的，而不是你自己选择的。工作是为了让爸爸开心？还是为了家族事业？抑或是家附近有家公司正好缺个人？不管哪个原因，结果都是一样的，你干起活来就像老牛拖车。你该好好想想这个问题了，否则你知道会有什么后果，看看坐在你旁边的同事就知道了。十年了，你看到她就头皮发麻，你懂的，不用问她好不好，因为她每次都不好，不是消化不良就是脸上又长痘痘了，她看上去比实际年龄老了 10 岁，其实她年纪并不大，她只是无聊得要爆了。你说你还有粉底、腮红、遮瑕膏？当然了，你可以躲在完美的妆容后面，但地球人都会看得出来，你无聊得像条咸鱼。

小贴士

闻所未闻，前所未见！

如果有人眼红你的幸福，对你冷言冷语，不要去在意，大声告诉她们"我很好"，同时告诉她们以后晚上不能再约了。她们很快会发现：你不再是从前的你了！

不管你怎么看待自己的工作，孩子的到来都会让你重新审视自己。

薇拉，26岁

我是一名小学老师，产假结束回去工作时，我一直问自己："这是不是我真正想做的？"以前我从来不会去想这种问题。

做妈妈让你有时间去反省和思考。不过要小心哦，不要拿"做妈妈"作为逃避的借口。你可以利用育儿假好好想想自己真正想要什么。如果有中长期打算，心里会更有底。当然了，只要家里没意见，没有人会强迫你回去工作。

记下你的需求

因为你的需求变了，你的优先事项也变了。

重拾自信

产假回来以后，你开始怀疑自己：周围都是

年轻女孩子，时间充裕、精力充沛，好的项目轮不到你了，你觉得很难找到自己的位置。试试职业技能评估吧，盘点一下自己的技能和优劣势，让自己恢复自信。

她的故事

依琳是所有公司梦寐以求的员工，她勤奋、可靠、待人和气，可她上级偏偏喜欢让她觉得自己这里不好那里不好。职业技能评估让她找到了自己的优势，工作能力得到认可，在薪资谈判时胜人一筹。

你现在的生活重心在哪里？

你喜欢做店长，但是这工作现在对你来说已经不合适了，因为星期六你又要带孩子又要买东西，如果继续做店长的工作，就很难说哪天才能看到孩子了。

所以新工作既要考虑家庭，又要结合自己的技能。转型时期，可能不得不放弃以前的一些东西，不过也可能会有新的回报，谁知道呢？

换工作

你在办公室星期一吃比萨，星期二吃炒菜……一个人在舒适圈里的时候叫她去找份新工作不是那么容易的事，这份舒适让你禁锢了自己。换工作可以帮助你重拾自信，重新找到那种"被工作需要"的感觉。

小贴士

到了新的工作岗位……

不要一上来就问你有几天"孩子病假"，虽然这是你的权利。

不要只和做妈妈的同事聊天，也可以和其他同事聊聊。但是每天早上与 45

岁的单身女老板讨论你孩子的便秘问题
确实不太合适。

探索新视野

注意了，测试的结果仅供参考。世界上所有的性格测试或技能测试都不会告诉你：什么是完美的职业，也不会告诉你什么工作可以让你的生活光彩夺目，让你每天早晨高高兴兴地去上班。没有人比你更了解自己。如果你对技能测试的期望值太高，那么你肯定会失望！

你可以找一个顾问，顾问可以给你提供支持，让你在遇到困难时不会轻易放弃。

还可以和顾问一起考虑几种应急方案，万一跌倒了自己也可以尽快爬起来。不过，关键的关键还得靠你自己：探索自己真正想要的，找专家咨询，参加培训……

考取职业资格证书或提升学历

职业资格证书是劳动者具有从事某一职业所必备的学识和技能的证明，是劳动者求职、任职的资格凭证。很多用人单位在招聘时会将相应的资格证书列入用人条件中，因此有时间的话，考一个与工作相关的职业资格证书对你来说是个不错的选择。

除了职业资格证书，你可以考虑提升学历。有了文凭你就不会觉得自己低人一等，或者配不上自己的工作。当你的能力获得认可，并得到相应的薪资，那么你的自我价值感肯定会提升。

想创业？

不少新手妈妈在人生这一转折点上飞速发展。一直想开店？产假让你有时间仔细想想这个计划是否可行。小店开张那天，你会为自己白手起家感到自豪。如果一切进展顺利，就坚持下去哦。

第 3 幕
重返职场

回归职场对你的家庭来说也是一件大事。好好准备一下，好让你和家人尽快适应。

什么时候回去上班?

把孩子托给别人时，你把眼睛都哭红了? 不如给自己几天时间，先整理好情绪吧。

如果你担心你的宝宝还没到预产期就出生了，那你就提前几天休产假! 产假是可以从产前 15 天开始计算的。

宝宝的爸爸休陪产假了吗? 他准备好接手带孩子了吗?

有时候，天不遂人愿。换工作、专业需要、缺钱……没办法，必须回去工作，把孩子托给别人带，把心放平，不要让内疚感折磨自己，只要你心平气和，宝宝就会安心。而且，为了自己的心理健康，你有权尽快回归社会!

职场妈妈不断奶？

准备上班以后，你也许想给孩子断奶，可以抓住这个机会让宝宝一点一点接受奶粉和奶瓶。

很多妈妈觉得一定要断奶，压力之下反而生了场病。其实不用在你上班之前就让宝宝适应奶瓶或勺子，他自己会知道因为妈妈不在，吃奶的方式和以前不一样了。如果你想母乳喂养的时间尽量长一点，一直到上班前一天都可以继续喂母乳。

放心吧，一旦你开始上班，你就会发现，早上、晚上、周末都还可以继续喂母乳，不会受到影响。母乳喂得越多，就越刺激乳汁分泌。当然了，上班第一天会有一些涨奶不舒服，但是身体会自动调节母乳的产量。泌乳取决于多种因素，压力也是其中之一。有些妈妈会发现自己的奶水突然变少了，这时最好及时咨询一下医生或催奶师，她们可以帮你找出原因，助你把母乳喂养进行到底。

有些妈妈在白天会挤奶促进泌乳，其实你可以继续"按需喂养"，不用把奶水挤出来。

小知识

对于哺乳期的女性员工，《女职工劳动保护规定》规定：

·从孩子出生起一年内，用人单位必须在正常的劳动时间内给予一小时的时间让女性员工进行哺乳。

·不得在女职工怀孕期、产期、哺乳期降低其基本工资，或解除劳动合同。

上班第一天!

你开开心心地去上班了，但心里还是有点不踏实，你会担心同事或领导对你的工作评头论足，而你正花着钱请人照看你的小可爱。现在，时间就是金钱，你的字典里只有"效率"两个字。有磨叽的时间还不如在家里听小可爱咿咿呀呀。好了，你满头大汗跑回家，宝宝还对你摆架子，看也不看你一眼，你在想："哎，我草草地把同事打发走，着急忙慌地跑回家，这是干吗呀？”不过还好，你是个“超级妈妈”，不到一刻钟，宝宝就吵着要“妈妈抱”了！

上班头几天，你的反应：

·和同事喝喝咖啡、聊聊电影，挺开心的，即使你上次看电影是6个月前（中间还被宝宝打断过好几次）。

·工作轻松自在，你终于知道为什么很多爸爸晚上10点还在看电视了。

·他们在说什么？他们口中那些网络流行语，是什么意思？你觉得自己落伍了。

·感觉真棒。你把自己打扮得漂漂亮亮的，和大家说说笑笑，把小可爱的照片设置成背景图案。你差点儿忘了：明天还是要来上班的！

就这么变老了……

做了妈妈以后，你的角色、兴趣、生活重心都和以前不一样了。现在你整天忙得像打仗一样，手头预算也很紧……

还记得有一次下班后你去逛街，试穿了一件打折的小礼服吗？还记得和好朋友在酒吧喝酒聊天吗？是不是感觉很遥远？

这种幸福并不是永远地结束了。一定要留出一些时间给自己，可以让爸爸或其他人帮忙带下孩子，让自己喘口气，不要像个陀螺一样转个不停。

不仅是你的日程安排变了。还得说，你想要的也和以前不一样了。

·你想在晚上 7 点之前看到小可爱，想在晚上能有时间陪他一会儿。

·家里现在热热闹闹的，你觉得待

在家里挺开心的。

· 你没兴趣和好朋友煲电话粥了，反正明天要在健身房碰头的。

· 你想和家人一起享受宁静、温暖的时光。

你总是在想："我是不是老了？"

放心！享受家庭的乐趣很正常、很健康。你的生活重心变了，你现在是以母亲的角度来看待生活了。

试试兼职吧

你不想整天匆匆忙忙的，早出晚归让你觉得压力很大。你想留出一天半天来照顾家里，照顾孩子，也照顾一下你自己。如果你的经济压力不是很大，老公又上进，可以和他商量商量，你们各自承担一部分养家的工作。只是几个月时间，不妨试试看。如果爸爸参与到养育孩子的工作中，你就会有更多自己的时间，宝宝也会更开心！

小贴士

小心，不要做得多，拿得少！

　　做兼职意味着你做同样的工作，但是拿的钱比以前少了。不少新手妈妈会有内疚感，为了尽快完成工作，中午只能囫囵吃个三明治，工作的时候一门心思，也不和同事聊八卦了。你需要找到自己的节奏，而且要和公司协商好工作量。这些说起来容易做起来难，好好想一想吧！

第 4 幕

全职妈妈，有何不可？

　　就这样，产假过去了，没办法了，要回去上班了，可是一想到上班你就开始焦虑。朋友、邻居、医生、亲戚，你哭着问她们该怎么办……在七嘴八舌的答案里，你反而更茫然，并开始怀疑自己。

如果一想到上班就让你觉得痛苦，上班的日子会很难熬。冷静地想想有没有其他办法吧，找一个让自己满意的结果。暂时放下工作，当一个全职妈妈，让自己全心全意地享受和孩子在一起的时光也是你可以拥有的选择之一。

小测试

"全职妈妈"是你的菜吗?

1. 你喜欢照顾家庭，喜欢待在家里。

☐ 是　☐ 不是

2. 除了工作你还对很多别的事情感兴趣。

☐ 是　☐ 不是

3. 你很少觉得无聊。

☐ 是　☐ 不是

4. 你有钢铁般的意志，即使宝宝在哭，有人敲门，电话响了，再多的事挤在一起你也能保持冷静。

☐ 是　☐ 不是

5. 你善于交际，搬家两个星期左右就跟邻居混熟了，开始互帮互助。

☐ 是　☐ 不是

6. 你想休息一下，看着小可爱一天天长大。

☐ 是　☐ 不是

如果你有三个以上"不是"，那么在做决定前还是多想一想，尤其是当你觉得自己是不得已才要在家里待三年，甚至更长时间，那么在家的日子会很痛苦。最重要也最难的是，你要按照自己的意愿来做决定，不要被妈妈或婆婆"好妈妈"的形象所左右。问问自己真的可以接受当全职妈妈吗？听一听自己的心声！

如果你有四个以上"是"，那么恭喜你，你是全职妈妈的理想人选！这几个月甚至几年的"假期"对你来说是种享受，你会微笑地看着孩子慢慢长大。

娜娜，25 岁

我婆婆拉扯大五个孩子，我宝宝才三个月，我不敢把他托给别人带，我怕婆婆会说三道四。

全职妈妈面临的社会压力

你很乐于做一个全职妈妈，同时也觉得社会压力很大。确实是的，听听下面这对朋友在自助餐厅的对话，你就知道做全职妈妈是个什么滋味儿：

A：你最近在干吗？

B：我为了孩子放弃了工作。

A：哦，这样啊。（尴尬而又不失礼貌地微笑，然后走开去拿吃的。）

是的！世界就是这么残酷！社会存在感和你的职业身份息息相关，让你不得不俯首称臣。不过呢，你可以用别的方式展现自己，不仅不会让对方逃走，还会让她对你感兴趣呢！

"你最近在干吗？"，至少可以有 3 种回答：

· 昨天下午我去看了一个画展，很有趣哦。

· 我在思考孩子的教育问题。

· 我在考虑自己的职业规划，打算考一考职业资格证书。

她的故事

小安 38 岁时才当上妈妈，医生之前说她永远都不会有自己的孩子，所以这个女儿就像是上天赐给她的礼物。她毫不犹豫地决定在家休息三年，享受和女儿在一起的每一刻。什么睡眠不足啊，孤独啊，对她来说都不是事儿，她只觉得满满的幸福。

全职爸爸，何乐而不为？

孩子他爸简直着了魔，恨不得每时每刻都陪着宝宝。越来越多的爸爸希望在宝宝的头几个月能够陪伴左右，想休育儿假带孩子，让妻子去工作。其实这个想法很好，非常好，特别好，但是如果落到你自己头上，你还会觉得很好吗？你会不会问自己："到底谁才是妈妈？"放心，你和丈夫的角色大反转以后，宝宝不会叫你"爸爸"，也不会喊他"妈妈"！你的反应有点大，因为在你的印象里，

"好妈妈"会温柔地照顾孩子，"坏妈妈"才把宝宝交给别人照顾……

把心放平，只要是适合自己的，就可以去做。假如你想快点回归职场，或者因为经济原因不得不赶紧工作，而爸爸又想休育儿假，这不是正好吗？这绝对是百年一遇的好事：宝宝从头几个月起就会和爸爸有特殊的联结；你的另一半有自己的方式来带孩子、做家务，至于他具体怎么做，你就不用操心啦；你不用在晚上6点之前赶去托儿所接孩子啦；宝宝每个月的例行体检、每次感冒你也不用管啦。

你肯定想问："那我还是宝宝心爱的妈妈吗？"答案是肯定、确定以及一定。因为宝宝和妈妈的联结非常牢固，这种联结从一开始就存在了，而和爸爸之间要建立稳固的联结却需要时间和努力。所以，支持这个决定吧，宝宝和爸爸都会感谢这份礼物的。

那么以后呢？

如果你不打算回归职场，你需要考虑这几个问题：

除了孩子以外，你还有别的兴趣爱好吗？

孩子总有一天要离开家的，一定要记着这一点。时间过得很快，一眨眼你的小可爱已经拎着包住进一间小小的屋子，很开心可以离你远远的！孩子到了青春期或离家时，很多妈妈会有一段时间情绪很低落。孩子离家对所有父母来说都是痛苦的。如果你没有找点别的事情做，一门心思扑在孩子身上，孩子离家会使你肝肠寸断。你以前忙着给孩子做饭，和他一起锻炼身体，接送他上下学，现在家里突然变得空荡荡的……以后你只要照顾自己就可以了，对了，不如现在就开始学学怎么照顾自己吧！

经济不独立，你该怎么办？

如果你选择照顾家庭，你的钱就不再是你自己的，而是你老公的。你现在可能觉得没什么区别，但是当你们之间出现小矛盾时，当老公或公婆"善意地"提醒你时，你可能就不这么想了。家里大大小小的事情，你需要经过另一半同意吗？

给自己买时髦的衣服。

在经济上资助你父母。

继续深造。

……

李笛雅，55 岁

我在老公公司的秘书部门"帮忙"了近 30 年，"帮忙"就是每天为心爱的男人工作 10 小时，而他竟和实习秘书溜之大吉！所以我一直告诉女儿要独立，要有自己的工作。

想想你的未来！

是你自己想待在家里吗？你的另一半支持你的决定吗？如果留在家里是两个人一起决定的，可以考虑把两个人的银行账户分开，或者开一个联名账户。你们的钱存在谁的账户里？房子在谁名下？这些都是重点要考虑的。人生路途道阻且长，你不知道未来会怎样。人都是会变的，为自己留条后路吧！

小 测 试

考 考 你

1. 把孩子托给别人带，会错过孩子的成长。

☐ 对　　☐ 错

2. 回归职场之前需要慢慢减少母乳喂养。

☐ 对　　☐ 错

3. 只有女性才能休育儿假。

☐ 对　　☐ 错

4. 做全职妈妈会影响自己的婚姻生活。

☐ 对　　☐ 错

5. 要根据孩子的年龄来决定妈妈离开多长时间。

☐ 对　　☐ 错

6. 孩子是从父母的眼里来认识自己的。

☐ 对　　☐ 错

答案：1：错，2：错，3：错，4：对，5：对，6：对。

第四章

挑战：在母亲和女人之间找到自我

▼▼▼▼▼▼▼

导语

做了妈妈以后，你问自己，"以前的我跑哪儿去了？"放心，她没走远！你可以用自己的方式，既做女人，又做妈妈。

第 1 幕
找回自我

第一步：先找回自己对身体的感觉，再慢慢找回另一半。

找回对身体的感觉

虽然做了妈妈，但你首先是一个女人，所以在找回另一半之前，需要先找回自己作为女性的身份。你和孩子是两个独立的人，明白这一点，才能找回你的另一半。

九个多月以来，你和宝宝是一体的，两颗心脏在你的身体里跳动。大家都喜欢看着你的大肚子，另一半对你的喜欢也融化在了宝宝小小的生命里。

然后，一种撕扯，一种分离，新的生命诞生了。有些妈妈会感到一种自由，但同时又觉得自己被掏空了。宝宝一出生，肚子就像泄了气的皮球，再也穿不上以前的衣服了，你恨不得把整个衣柜的衣服全部扔掉买新的。

放心，
不出几个月，你的体重就会减下来!

母乳喂养的话，妈妈必须注意营养。大自然很神奇，你的身体已经为哺乳做好了储备，你会看着自己慢慢瘦下来。不过呢，我们也实话实说，你一边躺在沙发上喂奶，一边大口吃着巧克力可是不行的，不管怎样都要动一动!

如果你选择奶粉喂养，那么注意饮食加上规律运动，几个月后你就可以看到自己的倩影，为自己感到自豪。不过这说起来简单，要做到的话还需要一点决心哦。

有时候你会怪孩子，因为他，你不再是从前的你了。你的体重会减下来，但少女的身材已经一去不复返了。你有时难过，有时恼火，不过这是人们面对失去时的正常反应。你很想回到过去，不好意思，这才刚开始，你每天都在一步一步远离 20 岁的自己——其实 30 岁的你正如花儿一样盛开，接纳自己吧!

第 2 幕
还能有点儿二人世界吗?

孩子的到来可能会让婚姻更牢固，也可能会让婚姻完全溃败。不过，只需要一顿小小的烛光晚餐，相爱的感觉又会浮出水面!

哺乳: 妈妈和宝宝的亲密时光

还记得你和心爱的他四目相对时，你傻乐的表情吗? 全世界只剩下你们两个，你中有我，我中有你，别无他求，这感觉多甜蜜啊，和宝宝在一起也是这样的。这种母亲与孩子之间的亲密感觉会"诱使"妈妈把爸爸推开，或者干脆忘记爸爸的存在!

哺乳期可以持续几个星期甚至几年，那么什么时候该断奶呢? 这个问题并没有标准答案。

面对质疑，坚持自己的选择

你想尽量给宝宝多喝母乳，而且一旦开始哺乳，就感觉像上了发条一样停不下来。你很享受——既然你不想断奶，为什么要强迫自己呢？当小艾用鄙视的目光看着你，若无其事地问："这么大了还没断奶？"你立刻开始紧张，开始怀疑自己。毕竟，小艾说的也有道理，你心想，也许是时候给小家伙断奶了。

这种时候，坚持自己的直觉，不被周围人所影响，绝对不是件容易的事，尤其是当你们家没有长期母乳喂养的传统。这时候你需要做的是：跟着自己的感觉走。什么时候断奶不是周围人说了算的，你有能力把握好时机，做出自己的决定。

如果你的另一半觉得自己被冷落，要求你断奶，那又要另当别论了。

阿梅，34 岁

他希望我给孩子断奶，好让我们有更多在一起的时间。

你的男人睡地板？

问问自己："最让他感到困扰的是什么？"

你和宝宝亲密无间，把丈夫扔在一边，你是心满意足了，那么他呢？他会觉得宝宝出生后，自己被爱人抛弃，孩子有了妈妈，而他却"失去"了妻子。有这样的感觉是很正常的，因为他也想和你享受二人世界。女性在哺乳期忽视了丈夫，因为她完全沉浸在宝宝带给她的喜悦里。这正常吗？其实正不正常不是关键，关键是，你和丈夫还有宝宝，你们一家人在一起。

这种情况下，如果丈夫感觉到被关注，被重视，这种嫉妒感就会消失。你可以先给宝宝喂奶，然后回到丈夫身边。记得要为你和宝宝、爸爸和宝宝、你和丈夫都留出单独的时间和空间。

雅雅，27 岁

我们家住房比较小，所以我在房间里为女儿隔开一个小角落，用衣橱和树脂玻璃板挡着，这样我和老公在一起时会更放松一点。

温柔的夜晚，只属于两个人！

宝宝在头几个月的时候需要喂夜奶。也就是说，有可能你刚进入梦乡就被吵醒了，或者……你刚刚钻进老公的怀抱，宝宝就来捣乱了。

不过呢，小宝宝吵醒你可不只是为了惹你生气，他是来提醒你的。你为了照顾他已经筋疲力尽，要是再怀孕可如何是好？还好有宝宝，通过"搞破坏"，宝宝本身就起到了避孕效果。注意了，普遍的观点认为母乳喂养可以避孕，但其实不能。如果你没有准备好马上再要一个宝宝，那你可要为自己留心哦！

如果宝宝夜醒频繁，需要找找原因出在哪里。他到底想要什么？他是在试探你的底线吗？如果是这样的话，当宝宝到了一定的月龄，你就需要冷静而坚定地表明自己的态度。

丈夫也有责任保护好夫妻二人的时间和空间。往往宝宝一哭，妈妈最先受不了，忍不住要去喂奶，这时候，爸爸可以告诉宝宝，妈妈不会起床，哭也没有用哦。经过几个难熬的夜晚，甚至是噩梦般的夜晚，你会发现夜晚又属于你们夫妻两个人了。当然了，坚定并不是让你把宝宝锁在隔音室里第二天早晨再打开。

你可以简单地，一点一点地给宝宝解释：

·晚上不能再吃奶了。

·晚上不会再把他抱在怀里，轻轻摸他的小脑袋了。

·妈妈已经到极限了，晚上能好好睡觉妈妈觉得很开心！

温柔而坚定

宝宝的成长不是直线形的，他会经历衰退期，这时候他会特别需要你的支持以助他继续成长、发展他的独立性。比如以前他晚上可以一觉睡到大天亮，但是上了托儿所以后，他晚上会醒。因为环境发生了变化，他特别需要妈妈来安慰他，让他放心。这时候你需要辛苦几个晚上，他会慢慢恢复到正常节奏的。

你的决心是关键

显然，这一切都取决于你的决心。如果你能做到言行一致，坚定不移，宝宝会感觉到的："反正妈妈一直都在身边，折腾个啥呢？"

你真的想睡整觉吗？

试着分析一下自己的感受。宝宝哭的时候，你心里是怎么想的？你觉得他是饿了，还是想妈妈了？睡在宝宝房间会不会是你逃避丈夫的借口？还是宝宝只要一看到你，就会平静下来——这一点让你感觉很满足？

没有人会逼你一晚上不理会宝宝。只要你身体能承受，丈夫也没意见，你可以继续喂夜奶，直到身体喊停，到那时候，你自己会停下来。

为你和爱人留出时间和空间

你们首先是夫妻，然后才是父母。放心，我可以保证，只要你给你们两个人留出点儿时间和空间，你们的前途一片光明。

洛荷，34 岁

我很难用语言来表达自己的感受，尤其是很累很累的时候。我经常和我的老公说："这个周末我们什么也不做了，就聊聊天！"

料理家务

留出两个人的时间和空间其实并不容易。别说你了，昨天小艾还在说呢，4 年了，她就没和老公在外面吃过一顿饭！时间过得很快，你们之间的话题不外乎保姆、儿科医生、幼儿园，当然了，还有宣告你自由的"幼儿园通知书"！你突然觉得自己的家庭好像变成了一家中小型企业，而另一半则变成了你的合伙人。

你们会为了柴米油盐、家务琐事吵架吗？实话实说，99％的夫妻都会的。除非你的"合伙人"能帮你买菜、做饭、带孩子、做家务、熨衣服……否则你们两个最终都不可避免地要吵一吵。他没有及时给宝宝穿衣服、没有及时把衣服晾出来、你的鞋子被扔得东一只西一只……

人越忙，压力就越大。其实你们俩都希望生活能够尽快走上正轨，能有机会享受一点儿对方的温柔，花点时间和他聊聊家庭怎么分工吧。

男女搭配，干活不累

你忙得要飞起来了，但你们两个加起来也只有四只手。如果你还想享受和孩子在一起的时光，希望在家里能放松一下的话，就不能要求太高。

不用列家务清单，因为自从有了宝宝，家务就变得越来越多。你们可以把家务分类，然后商量怎么去分工，分工要明确、均衡。

工作量翻倍

如果你们家是双胞胎，那么你需要有人来给你搭把手，因为你的工作量比别的妈妈要多出一倍，尤其是在宝宝出生的第一年，你既需要有人帮忙，也需要精神上的支持。

和他聊聊天

你们上一次聊天是什么时候？你有很多借口去逃避。确实，宝宝离不开你，但这是真正的原因吗？你有没有想过，"如果我们之间不谈孩子，还能谈什么？"

不出门的借口：

· 没钱。
· 找不到可靠的保姆。
· 宝宝必须抱着才肯睡觉。
· 太累了，晚上没力气出去了。

出门去，你可以的!

这几个办法可以考虑一下:

· 外婆，适度"请她帮忙"!

· 奶奶，适度"请她帮忙"!

· 朋友推荐的保姆，虽然是外地人，但讨人喜欢又可靠，可以让她来试工。

· 如果有个邻居一直很喜欢你的宝宝，可以让她帮你带几个小时。

· 和有宝宝的邻居换着带孩子，你可以把孩子放在她家，她也可以把孩子放在你家（前提是熊孩子不会把你家拆了……）。

家人，永远都在!

你很快就会发现，如果你叫家里人来帮忙，有些地方你得长个心眼儿。比如，你得把屋子收拾一下，再准备点儿好吃的，这样一来母亲大人就会觉得你的家还像个家!

而且，对家里人你不敢太过分。小姑子已经够帮忙的了，要怎么让她知道：因为她迟到导致你没赶上电影，所以现在她可以回家了？

对待家里人，你需要拿出点耐心，不要气势汹汹的：

·这个天气你给他穿得有点少哟，我给他套了件毛衣。

·在洗衣机上换尿布会不会不安全？

·他咳得挺厉害，你问过医生了吗？

上面这些说法都不太合适哦！

找个保姆！

找个你信得过的保姆，付钱让她帮你带几个小时，你就可以喘口气，给自己充充电。有些全职妈妈对找保姆会有内疚感，其实如果这几个小时的放松对你是有利的，那么对宝宝也会有利，而且这样一来你的另一半也会开心，因为你状态不错，而且有更多时间可以陪他。

雪中送炭好朋友

你不想再让家里人帮你带孩子，也不想把宝宝交给陌生人？只要你努力寻找不放弃，一定可以找到一个好朋友或一位好邻居愿意帮你照顾小宝宝。也许你以前也帮过她？现在是她回报你的时候了。当然啦，你也不用把自己的付出都记在小本本上，让别人变身保姆来回报你！

坦然地接受回报，可以让对方觉得自己不欠你的。因为在朋友或邻居之间，如果其中有一个人感觉不平衡，或者觉得不舒服，这种关系往往会以结束而告终。所以，互相帮助、平等互惠，会让你们两个都觉得轻松，取得双赢的成效。还有，你的小宝宝多可爱啊，照顾他一会儿是一件很开心的事情！

— 莎，27 岁

我和老公说好每个月有两个晚上我们出去过二人世界。从那以后，我又复活啦！

害怕回到原点？

如果和另一半在一起已经开始让你觉得不自在，那么你必须下决心做出改变了。还记得你们的第一次约会吗？简直就是白纸一张！随着相处越来越久，你们才一点点找到话题。现在，你们之间不是隔着千山万水，而是一个小宝宝！以前你心里总是涌动着对他的渴望，想到以前的幸福，你心里是既难过又失望。宝宝的出生让你很满足，可是和爱人之间却越来越疏远。当激情熄灭，床上只剩下呼噜声，你想说点什么却不知道怎么开口。夫妻之间有时没有争吵和暴力，却安静得可怕。花点心思在对方身上，试着找回第一次约会时的心动吧！

夫妻关系的未来

你想要什么样的夫妻关系？如果现在的情况持续几个月甚至几年，你们之间会怎么样？在孩子面前，你希望自己是一个怎样的形象？在父亲和丈夫、母亲和妻子的角色中，你们有没有做到一碗水端平？

我知道你已经极度疲劳，我发自内心地同情你，但这不是你把丈夫抛在一边的理由。别忘了，如果总是看着"睡美人"打呼，就算是王子也会不耐烦哦。

如果你们之间只剩下柴米油盐，只剩下孩子，那么老公有一点点做得不好就可能会惹毛你。夫妻之间的关系越疏远，这种矛盾就会越多，会不断地影响你的家庭生活。尝试着转变态度，一点一点找回当初的亲密。

小贴士

不要急着做决定！

如果你们之间已经针尖对麦芒，让你不堪忍受，那么你最先需要的是冷静。想想看，这么短的时间里发生了这么多变化，对你们两人来说都是一种考验。很多夫妻会在生下孩子的第一年里离婚。如果你已经动了离婚的念头，千万不要急着做决定。因为生孩子对你的影响很大，过几个月再分析自己的感受会更准确。

如果觉得有必要，可以考虑一下婚姻家庭治疗，夫妻一起接受心理咨询可以帮助你们更好地理解自己的感受，找到心理平衡。

第 3 幕
冒险，你准备好了吗？

现在有一个大工程摆在你面前，那就是：找到家庭的平衡点，因为以前你们是两个人，现在可是三个人了（甚至更多）。想把房子造得又牢又坚固，你得找到好工具才行。

范妮，30 岁

儿子出生以后，我很怕老公觉得我不是一个好妈妈。

超级妈妈和超级奶爸

哺乳期结束了，你觉得自己现在是个什么状态？踏上为人父母的伟大征途后，你和另一半很想找回那个没有孩子打扰的天堂，却发现再多的努力也是白费。你把孩子交给婆婆，想和他享受一下二人世界，结果却惊讶地发现，自己变了，变得满脑子都是孩子，忍不住一天三遍地给孩子打视频电话。

早在怀孕的时候，你就想好了自己要当一个什么样的妈妈。现在，你每天都对自我有新发现，各种复杂的情绪开始登场。

你惊讶地发现，理想和现实之间有着天壤之别。你想象自己拥有圣母般的耐心，一边抱着小婴儿，一边哼唱着童年的歌谣。不过呢，在宝宝"夜半歌声"几个小时以后，你才发现，长期保持耐心是件多么不容易的事。你还发现自己有着意想不到的天赋。以前你喜欢吃速冻食品，现在却总喜欢在家里捣鼓锅碗瓢盆，给孩子做点好吃的。

随着经验值一点点增长，加上爱人温柔的目光，你会慢慢变得自信。你可能有过怀疑，害怕自己做不好会让爱人失望。你需要他的肯定，让你相信你有能力做好妈妈, 那么他呢? 换位思考一下你就会发现, 孩子的爸爸也和你一样有过怀疑和不确定。当你看到另一半为了宝宝忙东忙西, 你又惊讶又自豪, 怀孕期间笨手笨脚的他现在成了一个超级奶爸。

丝丝, 26 岁

宝宝给我们带来很多启发和改变! 我和我老公很相爱, 但我们性格都有点强势, 所以平时经常会吵架。现在在宝宝面前我们尽量做到心平气和。我们决定参加婚姻家庭治疗, 让三个人都生活得更好一点。

宝宝会给夫妻关系带来启发

宝宝会给夫妻关系带来启发。当夫妻二人把生宝宝的计划提上日程之后, 不管是等了几年还是几个月, 结果都是一样的: 你们是这个小可爱的父母, 他给你们的生活带来了翻天覆地的变化。孩子的到来打破了你们之间的平静, 在最好的情况下, 你们会从失衡慢慢回归到平衡。

小测试

你是哪一种伴侣？

1. 老公感冒了：

a. 你给他泡好感冒冲剂，再送上一个温暖的拥抱。◆

b. 你给他买药，因为他自己是不会去买的。▲

c. 你和朋友一起去看电影，不会因为他感冒而迟到。●

2. 家务方面：

a. 你承包了所有家务，你集高效和条理于一身。▲

b. 你请钟点工，因为你还有其他事情要做。●

c. 一人一半。◆

3. 哎哟，老公正用自己的方式给宝宝穿衣服！

a. 这有什么好大惊小怪的，你正好多睡 10 分钟。●

b. 你温柔地告诉他，条纹毛衣和格子衬衫不大适合玩沙子哟。◆

c. 又乱来，果然，在这个家里什么事都得靠自己！▲

4. 度假时：

a. 每次都是心血来潮。●

b. 每次都是你收拾行李，因为他永远不知道要带什么。▲

c. 你准备野餐用具，他收拾行李。◆

5. 买衣服：

a. 他总是要你陪着他，因为他喜欢听你的意见。◆

b. 他又不是小孩，自己能搞定。●

c. 总是你给他买，这样好速战速决。▲

6. 周末时：

a. 你打排球，他去剧院。◆

b. 你们一起商量怎么过。　▲

c. 你和朋友出去玩。●

7. 经济方面：

a. 你掌管财政大权。　▲

b. 你们都有权支配家里的钱，同时根据自己的经济能力为家里做贡献。◆

c. 你们有各自的账户，你很看重经济独立。●

如果你◆占大多数，表示你们之间配合默契。

你希望夫妻间能保持平衡，分工合作。你的另一半具备你所没有的素质和技能，要善加利用哦。你希望能依靠他，而每次他需要你的时候，你也总是在他身边。你们的夫妻关系充满了分享和乐趣，这就是为什么你们会生活在一起。

宝宝的到来让你更加热爱生活。看到他在努力做一个好爸爸，你深受感动，想要尽最大努力让他享受做父亲的乐趣。

如果你●占大多数，你是个独立女性。

工作、带孩子、洗碗、熨衣服、打扫卫生……你可不会让自己被这些事情搞得团团转。不管是做女人还是做母亲，你都给自己留出了时间和空间，而且做得很好！你很棒，就是有一个小小的建议，在生活中记得关心一下另一半哦，一点点温柔不会破坏你的自由。

如果你▲占大部分，表示你像他"妈妈"。

你心想："我知道我有点像他妈，已经有人和我说过了！"你不觉得自己承担得太多了吗？如果你总把另一半当小孩子看，你就会抱怨："我怎么嫁了个这么幼稚的男人！"也许是你没有把他当成男人对待，导致他退化了。

凡事都为他着想、为他打点好一切，只会扼杀他的积极性和主动性。如果凡事都由你来做，那别人就什么都不用做了。这是你想要的吗？

不要凡事都大包大揽的，给他留出点儿空间吧，之后你会发现生活变得轻松了，而且，当你把另一半当成一个成年人来对待时，他会变得越来越成熟哦。

孩子的教育问题，你们需要一起面对

有了孩子，你自然而然地要考虑他的教育问题。夫妻二人未必观点总是一致，这时候就需要找到让你们和孩子都满意的折中方案。

保持一致

孩子的到来让你们的家庭发生了改变。当你们一家三口走在路上时，你会萌生感动，觉得不可思议而又真真切切。

教育的方法有很多，而且，从孩子出生的那一刻便开始了。关于怎么教育孩子的问题，有时会在夫妻之间引发激烈的争辩，甚至打架。往往这些不愉快过后，你们才会达成一致。如果你们两个一起决定白天不给宝宝用安抚奶嘴（为了他能早日开口说话），那么即使你中途改变主意，也得坚持下去。重点不在于是谁的想法，而是你们一旦决定，就得在面对孩子时，态度一致、坚定。孩子一旦感受到你们的态度坚定，就会乖乖听话。

秘诀在哪里？

在孩子成长过程中的各个阶段，教育的方法都有千千万万种。重要的不是你选择哪种教育方式，而是你一旦决定了一种以后就要坚定不移地去贯彻实施，且夫妻两人的态度要一致，否则孩子只要发现有漏洞，就会趁机钻空子。

妥协

夫妻双方在社会地位、工作类型、成长背景方面都有可能存在差异，如果你们之间的价值观或者家庭观念差异很大，那么互相包容、互相妥协是最好的做法。

你觉得爱情大过天，别的都无关紧要？在宝宝出生之前也许是这样，但有了宝宝以后，你们将要面对给孩子起什么名、学习哪种外语、上哪类兴趣班等大大小小的问题。你们的结合对双方家庭来说都是一种奇遇、一种福气，但这些差异会引起争吵，千万不要低估了这一点。你们的出身和经历都不尽相同，在抚养孩子时，会多多少少地想把自己的文化、思想、生活方式等传递给孩子。说不定你还要考虑父母的想法，让父母高兴。不过在这一点上其实不用太多地去考虑父母，毕竟每天和他生活在一起的是你，而不是你父母！

求同存异

夫妻关系既不以你的原生家庭为基础，也不以另一半的原生家庭为基础，你们两个家族世世代代的观念和文化的巧妙融合，会始终伴随并影响着孩子成长。夫妻之间不要一有矛盾就爆发"战争"，更不要把孩子当成"战利品"。

商量，商量，再商量，先考虑清楚你们最想给孩子的是什么。带着耐心和互相妥协的态度，你们一定能够做到求同存异。

小测试

考考你

1."好妈妈"不应该穿性感内衣。

☐ 对　☐ 错

2.孩子 12 个月大时，晚上还是需要喂夜奶的。

☐ 对　☐ 错

3.好父母意味着蹲在家里守着孩子，直到他们成年。

☐ 对　☐ 错

答案：1：错，2：错，3：错。

第五章

父亲的角色

▼▼▼▼▼▼

导语

世界上有各种各样的父亲，缺席的、专制的、软弱的、深情的、温存的、严格的、慈爱的……每个父亲都是独一无二的。他既是一个父亲，也是一个丈夫，他有他的勇气和担当，也有他的脆弱和"做不到"，总之，做一个父亲不容易！

小测试

他是一个怎样的父亲？

1. 当你告诉他你怀孕了：

a. 他既兴奋又焦虑。◆

b. 他脸色苍白，假装开心。▲

c. 他开心得要飞起来了。★

2. 分娩时：

a. 他握住你的手。◆

b. 他那天正好在出差。▲

c. 他也参加了产前课程，你分娩的时候他信心十足！★

3. 宝宝出生以后：

a. 他想尽办法逃离这个家。▲

b. 他比你更勇敢！★

c. 他很害怕，但一点点找到了自己的位置。◆

4. 给宝宝洗澡：

a. 是爸爸的专利，爸爸给宝宝洗澡，天经地义！★

b. 他有点害怕，但是会在周末给宝宝洗澡。◆

c. 他觉得自己肯定不行。▲

5. 他一有空就：

a. 看手机。▲

b. 学动物叫，发出各种搞怪的声音逗孩子笑。★

c. 出神地看着你和孩子。◆

6. 喂奶：

a. 他一有机会就会给宝宝喂奶。★

b. 只有你知道怎么喂奶，他从来不碰这些。▲

c. 他把厨房搞得乱七八糟的，不过他在学着怎么做。◆

如果你★占大多数，表示爸爸很善于带孩子。

他就像一盒雪糕，一看见你们的小可爱就融化了，三句话离不开宝宝，眼里心里都是他。其实这也挺"累人"的，你朋友都是拖着推着老公去给孩子洗澡，而你呢，你得和老公抢着来！这到底谁才是妈妈？看到他父爱爆棚，你会不会觉得心里不是滋味，觉得你这个妈妈做得不够好？不一定哦！有可能是因为你在潜意识中有点害怕和孩子在一起，所以你选择了一个充满爱心的男人来帮你。

如果你◆占大多数，表示爸爸有点儿紧张。

其实他很爱孩子，也很关心孩子，只是有点被这个脆弱的小东西吓到了。他想陪伴在孩子左右，但需要你的支持才能在你和孩子中间找到他的位置。他不知道怎么照顾小宝宝，但他每天都在学习。只要你多鼓励他，放手让他去做，他就会慢慢放松，做得越来越好！

如果你▲占大多数，表示爸爸想逃跑。

他吓坏了。成为父亲给他带来很多苦恼，他被巨大的痛苦击倒了，想逃跑。可以肯定的是，他非常爱孩子，就是这种爱让他一时无法承受。对于他的表现，你感到非常失望。人生无常，宝宝出生那一刻的感觉太强烈，引发了许多被深埋在心底的复杂情绪。你的态度会影响他的行为，在你的支持下，他会让自己慢慢找到做父亲的感觉。

第1幕
父亲的意义

无论是男孩还是女孩，父亲的形象在孩子的心理建构过程中都起着至关重要的作用。

父亲是一个榜样

对孩子来说，父亲既是他的榜样，也是他的伙伴。如果孩子觉得父亲很强大，他就会希望自己也像父亲一样。通过和父亲互动，孩子会获得自信，从而有勇气去参与其他领域的竞争，比如体育、学习，等等。

西西，29岁

宝宝出生后的头几天，我很喜欢闻她身上的味道。有时候我晚上会来到婴儿床旁，静静地看着她，因为我很想她。

父亲是母婴关系的"分隔符"

有什么比肥嘟嘟的小手还可爱？你沉浸在宝宝香喷喷的体味里，就像在为了冬眠储存能量。你想一直看着他，闻他的味道，听他咿咿呀呀。这是一种发自内心的爱，这种爱无法解释。孩子爸爸觉得你有点儿上瘾，但又不敢怎么说你，怕你会不开心。你想和孩子黏在一起，这种想法是正常的，爸爸想把你们分开，也是正常的。父亲要扮演的是一个"第三者"，他会让孩子慢慢分清楚：宝宝是宝宝，妈妈是妈妈。

妈妈对孩子的爱，在表达的时候需要掌握好"度"，孩子需要妈妈，也需要有自己的空间。妈妈既完美又慈爱，除了爸爸，还有谁能帮他逃脱"令人窒息"的母爱？作为妈妈，你会担心孩子忘记带围巾，午饭没有蔬菜。有这样的妈妈很好，只是如果没有爸爸的干预，这无边无际的爱反而会把孩子困住。

父亲代表权威

做父亲的，从孩子出生的第一年起，就要设置好底线。

有些男人渴望拥有父亲的权威，却不知道该怎么做一个有权威的父亲，这类男人可能会言行不一或者有暴力倾向。

如果他从小和母亲一起长大，父亲在他的生活里是缺席的，那么让他参与到妈妈和宝宝之间，他会觉得很痛苦。他好像不敢介入你和孩子之间。尽管他悉心照顾孩子，让你很感动，但这不是你对他的主要需求。你需要的是他在做父亲的同时帮助你和宝宝分离。孩子需要知道父亲是有底线的，如果一个父亲没有底线，孩子就只会受制于其他权威人物，比如校长或法官。

她的故事

莎莎和阿罗同居六年后决定要一个孩子，但孩子还没出生，阿罗就离开了。阿罗的母亲从来没有提过关于阿罗父亲

的事，也没说过父亲叫什么名字，阿罗
不知道也不敢问。莎莎怀孕后，阿罗可
能觉得自己担不起父亲的责任，所以离
开了。后来他回去看宝宝，和宝宝相处
久了，渐渐有了做父亲的感觉，又回到
了家里。现在，阿罗和莎莎的二宝快要
出生了，两人关系也好多了。

父亲举足轻重

父亲不一定要在孩子身边才能发挥出父亲的作
用。即使父亲已经离开，哪怕已经去世，父亲仍然
在发挥着作用，甚至能超越其真实存在时所能产生
的影响。父亲会活在母亲的话语里，活在母亲谈论
父亲时的态度和渴望里，从而永远地活在孩子
心里。

如果父亲在孩子身边，但又活得像个透明人，
或者父亲是缺席的、沉默的，他便无法很好地起到
应有的作用。假如从小到大母亲都在你耳边数落男
人的不好，或者告诉你男人很危险，你就会对男人

失望，会觉得男人都是坏的，都是软弱的……如果男人在你眼里是这样的，那么在需要给孩子设定界限时，你选的丈夫多数也是软弱的。

好在有父亲这个权威和"第三者"，可以有个人介入到母亲和孩子之间。从这个意义上讲，是父亲阻止母亲变得专宠和溺爱孩子，同时也让孩子知道，他不能霸占母亲的所有时间。

而关于孩子出生的秘密，则在"父亲—母亲—孩子"的平衡中起着举足轻重的作用。如果孩子不知道父亲是谁，或者根本不知道有父亲的存在，那么他就不知道是两个人把他生下的。没有父亲，孩子会误以为自己只属于母亲。所以不管是父亲还是母亲的原因最终导致两人分手，都有必要让孩子知道父亲的存在。

第2幕
成为父亲

孩子出生后，丈夫的人生角色也随之转变。他的内心起了很多波澜，他既需要在父亲的角色里找到自己，也需要在丈夫和父亲之间找到平衡。

母亲和妻子谁重要？

至此，对于丈夫来说，形势已经很明朗。这两个女人成了他生活的中心：一位是母亲大人，母亲永远是对的；另一位是老婆大人，老婆和他一起生活。他两面都想讨好，想尽可能地处理好彼此间的小摩擦。

听听母亲和妻子分别对他说了什么：

母亲："有了媳妇以后，我就没有儿子了。"

妻子："什么，又要去妈家？我们上个月刚刚去过！"

母亲："你现在就走啊？这么快就要走啊？"（流露出渴望的眼神。）

妻子："你能告诉妈你今年已经35岁，你已经有家庭、有孩子，她可以不用再帮你买内裤了吗？"

母亲："儿子啊，你累吗？你吃得好吗？你怎么又瘦了？"

妻子："妈又打电话来了，她已经两天没有你的消息了，她好担心啊。"

你们俩一个旁敲侧击，一个含沙射影，丈夫被搞得左右为难。不过呢，他还是很感谢你帮他"摆脱"了母亲大人，让他可以像一个成年人一样生活。

可是现在，孩子一出生，这种平衡被打破了！妻子也成了母亲！简直晴天霹雳，家里有了两位母亲。就好像在一场他和孩子的"战斗"中，他感觉自己打输了，你可以好好和他解释你是你们孩子的母亲，不是他的母亲。看到你成为母亲后，他感觉受了当头一棒，如梦初醒，终于认识到自己不再是个孩子了。

成为父亲要求他在妻子面前肩负起丈夫和父亲的责任，认识并接纳这一点：他现在不仅是他母亲的孩子，还要照顾他自己的孩子，他现在的角色是照顾者和保护者。如果孩子出生以前你就表现得像他妈妈，他会更加难以承受，因为他得同时放弃两个妈！

她的故事

孩子出生后，小马没办法把自己当成一位父亲，他很嫉妒妻子对宝宝的关注。

"我晚上做噩梦的时候，你都没来安慰我！"

看到这话你觉得好笑，小马还没有走出和母亲之间过于亲密、过于融洽的关系，还把自己当成个孩子，他还觉得妈妈或妻子应该照顾他。他三岁时父母就离婚了，之后一直是母亲照顾他。现在他有了自己的孩子，孩子迫使他必须赶快成长了。

父子间的竞争

宝宝出生后，丈夫可能会感觉自己突然之间多了个竞争对手。看到小宝宝安静地伏在妻子的乳房上吃奶……想到自己为了赢得妻子的芳心付出了全部努力，而宝宝一出生便立刻获得了妻子的全部关注——简直太不公平了！他决定想尽一切办法夺回失去的一切。可不是吗？宝宝太过分了：不仅霸占了他的床，还霸占了他的妻子。没有谁教过他，孩子出生后，他该怎么做才能稳固自己的家庭地位……不管怎么样，你会惊讶地发现他的行为就像一个小孩子。

成为父亲后，他会想起自己小时候和父亲之间的竞争，如果孩子是儿子的话，这种感觉会更强烈。如果他不能承担起父亲的角色，就会否认这种竞争的存在，也就不会去和孩子竞争，他会由着妻子完完全全地"占有"孩子。

如果你以前一直认为丈夫很坚强，就会惊讶一个小婴儿怎么会让他感受到威胁。如果一个男人对自己男性的角色不自信，他就会想各种办法吸引女性的注意，从女性身上找安慰，以此来确认自己"是一个男人"。孩子的到来让他对自己产生了巨大的怀疑，怀疑自己能不能做好一个男人和一个父亲。也许他父亲当时也是这样的。

别灰心，你可以帮助他，让他知道小宝宝以后会很像他，有他这样的爸爸是多么幸福！宝宝出生后，你要特别地关心他，帮助他消除这种怀疑心理。

三个办法帮助丈夫找到自己的位置：

· 他现在是一个父亲，肯定他的角色和地位。

· 给丈夫和孩子独处的时间（最好你不在家里），帮助丈夫和孩子建立联结。如果是男孩，对爸爸的挑战会更大。

· 多称赞孩子像爸爸的地方，因为他内心很怕自己不是一个好爸爸，你的称赞会让他意识到孩子的好品质是来源于他，从而认可自己、肯定自己，也会更积极地投入父子或父女关系里。

不要慌！

面对妻子怀孕或孩子出生，丈夫往往会感到恐慌。他会想各种办法逃离家庭，比如白天上班10个小时，晚上还接着上夜校，要不就想着自己创业。

突如其来的巨大的责任让他觉得焦虑。一方面，有些做法可以减轻焦虑。遇到此类情况，女性往往会通过大声喊叫来释放压力，并且掳走所有的甜品和巧克力。男人们则会选择沉默、关机或跑路！

另一方面，有些做法可以帮助他重新看待自己，把自己看成一家之主。夫妻平等你一定听说过吧，当然了，有的父亲会减少工作量、请育儿假，但是，大部分情况下，所有的眼睛，包括你的眼睛（别说没有，我不相信）都在盯着他，看他能否承担起养家糊口的重任，看他会不会像你父亲一样拼命让孩子上最好的学校，暑假带全家人去海边玩儿……

丈夫觉得养家糊口是他的责任，这自然也是你关心的问题之一。长久以来，父亲一直都承担这部分责任。如果丈夫失业或者工作不稳定，那么每次回父母家里吃饭立刻就有人要问："工作找到了吗？别三天两头伸手向家里要钱！"

如果你的另一半总是找不到工作，对于他的想法计划你要多鼓励，肯定他很有能力，成功只是时间问题。成为父亲会让他更有担当。如果他总是依赖你，你就巧妙地让他觉得，他已经成熟了，要自己解决问题，除非你想帮他承担这一部分，不过这样的话你既要照顾孩子，又要承担他那部分的工作，你会很累，免不了要发牢骚责备他。

第 3 幕
奔着爸爸的角色，冲啊!

有了你的帮助，丈夫会更容易找到他的位置。

培养默契

孩子小的时候往往是妈妈照顾得多一点，这让很多爸爸觉得压力没那么大，自己还有时间慢慢适应。

有些男人虽然和妻子生活在一起，人也一直在家，但孩子就是不和他亲近。可以说作为父亲，他仍然是缺席的。他没有认识到，如果他不主动去和孩子建立关系，不做任何努力，孩子是不会对他有感情的。

男人不是天生会做父亲，他需要勇气、需要学习。如果从小他的父亲就不在身边，那么对于怎么做父亲，他几乎是没有概念的。当孩子还小的时候，特别是在宝宝还需要喂奶的时候，他会觉得自己毫无用武之地。这时候你需要引导他，让他知道，他和宝宝的关系是通过日常生活里的点点滴滴建立起来的。

和孩子在一起时该干吗？玩什么？怎么玩？以前这些都是妈妈的专利，妈妈会考虑得多一点，等到孩子上学的时候，或者开始学手艺的时候，学校才会要求爸爸参与进来。其实爸爸只要站在孩子的角度来想一想，他就知道该怎么做了。

可儿，31岁

我丈夫没有父亲。儿子出生后，他去找他奶奶，希望奶奶可以告诉他怎么做一个父亲。

很多父亲在孩子小的时候参与度不高，但到上学时会渐渐投入进去，因为和孩子一起参加活动让他感觉更自在。要是你给他两个选择，一个是陪你看电视剧，另一个是陪儿子参加足球比赛，他肯定选第二个！多给他一点耐心，让他用自己的方式抚养孩子。当爸爸把自己的兴趣爱好带给孩子，孩子会觉得爸爸对他很花心思，从而产生一种自我价值感。

注意了，这并不是说要你一个人承包所有的脏活累活！你可以运用自己的魅力和谈判能力，让两个人都觉得舒服，不让自己受委屈。

我们吃什么？

即使你正在母乳喂养阶段，也可以时不时地让爸爸给宝宝喂奶粉，让他享受喂奶的乐趣。时间过得很快，孩子很快就要吃辅食，饮食需要多样化，这时候爸爸就更有用武之地了。不要错过这个好时机，一定要记得，给宝宝做吃的可不是你一个人的专利。爸爸也可以到厨房转转，学着给宝宝做吃的、给宝宝喂饭，宝宝绝对不会有意见哦！

我喜欢，我不喜欢

有时候，宝宝可能不想要你喂饭，要爸爸喂，只是为了让爸爸开心。要是爸爸可以给宝宝喂饭，那你可就省心多了。你不会因为喂饭着急上火，因为宝宝现在不吃，待会儿可能又会吃了。你越跟他急，他就越固执。

你会发现，小家伙在幼儿园很喜欢吃菠菜，可到了家里把菠菜扔了一地。有爸爸在，宝宝的表现会不一样，因为你们是两个不同的人，他会一会儿和你对着干，一会儿又和爸爸对着干，而且，爸爸有爸爸的办法。宝宝和爸爸在一起可能每一口都吃得很慢，不要急，让他去，慢慢来。

宝宝不喜欢爸爸怎么办？
给爸爸多一点时间

没有谁天生会做父母。做母亲的有九个多月的时间来体验做妈妈的感觉，身体会帮助她为宝宝出生做好准备。做父亲的呢，只要你给他机会，他也能像母亲一样学会照顾小宝宝。宝宝出生的那段日子，爸爸如果也学着去照顾宝宝，就不会觉得自己被冷落了。三个人一起分享这宝贵的时光，会给你们家庭带来很多幸福感。不过，大部分爸爸白天要去工作，只有晚上和周末才能看到宝宝，爸爸和宝宝在一起的时间可能只有你和宝宝在一起的1/3。

何丽，29 岁

我试着放手。看到老公用自己的方式给女儿穿衣服，我忍住不发表意见！

算一下，与爸爸比起来，你和宝宝在一起一共有多长时间了？你已经度过了最茫然的阶段，而他还在这个阶段挣扎。还记得吗？尽管当时周围充斥着七嘴八舌的声音，但你需要自己找到最合适的办法，因为你的孩子是独一无二的，你比所有人都知道孩子需要什么。你根据自己当时的感觉去适应孩子，孩子的爸爸也是一样，他需要时间来找到灵丹妙药，让他怀里的那个小喇叭般的孩子安静下来。你该多多地肯定他、鼓励他，这样你也能让自己喘口气儿！

不要挑三拣四

如果你什么都做得比他好，又不让他用自己的方式去做，那他怎么知道该怎么做才能让宝宝舒服？他正在学着做爸爸，要是你在一旁挑三拣四，他心里就更会七上八下的。想想看，客户问你问题，上级就在旁边，你回答的时候感觉会怎么样？对他来说也是一样的！如果在做事的时候，旁边有一双眼睛一直盯着自己，我们会感到不知所措，变得笨手笨脚的。相信他能做好，自己则趁机休息，做自己的事情，最好不要待在家里。

丈夫往往很难接受妻子对他指手画脚。"做这个，做那个，不是这样，应该那样……"经过一段时间的密集训练，你做事已经很有效率、很有条理，可以同时给宝宝做饭、洗碗、预约医生，可爸爸还缺乏经验，你指手画脚又会让他更加不知所措。摆正自己的位置——你是他的妻子，不是他的老板；你让他觉得不舒服，他也不会给你好脸色看。

注意，这些话不要说哦：

"水果泥没有捣碎，宝宝会噎着。"

"快用浴巾包住他，别让他感冒。"

"你怎么只给他穿一件毛衣就出门了？"

"你得抱着他轻轻摇晃，还要哼他

喜欢的歌他才会睡着。"

......

......

......

......

......

......

......

......

　　请丈夫来填吧。

　　周末的时候算一下：

　　如果你指责了 1-10 次，给老公送花，并向他道歉。

　　如果你指责了 11-20 次，请老公去餐厅吃一顿大餐。

　　如果你指责超过 20 次，罚红牌，当月指责配额已用完，给你颁个金扫帚奖！

小贴士

心理小知识：强势型女人

某些女性在家里大权小事一把抓，象征性地剥夺了丈夫的男子气概，我们把这类女人称作"强势型女人"。有些女性做了母亲之后便模糊了界限，在家里像女王一样掌管一切。她已经从孩子那里得到了她想要的东西，还要找丈夫的麻烦。久而久之，有的妻子可以让丈夫慢慢地找到自己的位置，有的则让丈夫感觉自己很没有价值。这种关系不仅会威胁到夫妻生活，也会直接影响到孩子，孩子会在心里描绘一幅画面：父亲被母亲边缘化了。

各显神通!

米丫，28 岁

女儿出生的头几个月，我老公每天晚上都给她洗澡，这是属于他们两个人的时光！

在照顾孩子的过程中，丈夫会慢慢找到哪些是自己喜欢做的事。这样一来，你们就可以分工合作，各自享受这部分乐趣。

一到晚上你就觉得压力特别大。你担心小天使又连续哭闹两小时，让你不知所措。丈夫反而比较镇定，因为他知道该怎么安抚小宝宝。

丈夫会哄宝宝睡觉，有这样的丈夫你该感到开心才是。反正你还有很多其他事要做——正因为不可能一个人解决所有的问题，才有了丈夫发挥的空间。你们互相取长补短，这就是夫妻的力量。孩子最清楚父母的特长，最知道该怎么利用了，这就是为什么需要两个人才能生孩子，不是吗？

晓娅，27 岁

宝宝头几个月时，我老公不知道自己该做些什么。我每三个小时喂一次奶，但是除了喂奶以外，还有很多其他事情要做呢，于是他慢慢意识到自己可以扮演另一个角色。比如，有一次宝宝肚子疼，就是他想办法让宝宝安静下来的。

小贴士

小努力，大收获

如果丈夫工作很忙，你可以告诉他，他已经做得很好，宝宝吵着要爸爸。他心里会美滋滋的，很想看到宝宝。

很多宝宝只有在周末才能看到爸爸，因为爸爸晚上回家时宝宝已经睡着了。多鼓励他，让他每个星期坚持有几个晚上早点回家哄宝宝睡觉。如果爸爸在晚上7点半或8点到家，他还可以陪宝宝看会儿图画书，给宝宝讲讲自己一天做了些什么。一旦爸爸把这些做法变成一种睡前仪式，他会想尽办法早回家，就为了能抱一抱孩子；而宝宝到时间也会吵着要爸爸，他也会因此更有做父亲的感觉了。

小测试

考考你

1. 父亲的职责之一是帮助母亲和孩子分离。

☐ 对　　☐ 错

2. 孩子不会去关心你怎么谈论父亲。

☐ 对　　☐ 错

3. 如果你总是把丈夫抛在一边，他可能会嫉妒你对孩子的关注。

☐ 对　　☐ 错

4. 父亲不需要努力就能和孩子建立关系。

☐ 对　　☐ 错

5. 很多男性逃离家庭是因为他们感觉受不了。

☐ 对　　☐ 错

6. 没有妈妈在场，爸爸和宝宝在一起感觉更自在。

☐ 对　　☐ 错

答案：1：对，2：错，3：对，4：错，5：对，6：对。

"爷爷给你吃巧克力，你不要告诉妈妈哦！"

第六章

如何处理好和上一辈的关系？

▼▼▼▼▼▼

导 语

　　根据你和丈夫的关系，以及你们和双方父母的关系的亲疏，爷爷奶奶和外公外婆对宝宝花的心思也会不同。你需要找到一个平衡点，既要让孩子和爷爷奶奶、外公外婆建立起特殊的联结，又要保证家庭和谐。

第 1 幕
两个家庭

你和丈夫成了爸爸妈妈，你们的父母也升级为爷爷奶奶、外公外婆，四位长辈会看着你们一点一点承担起父母的责任。

公公婆婆真是"妙不可言"！

自从丈夫和你说"下星期天我带你去见我父母"，你就一直绞尽脑汁想讨他们欢心。你小心翼翼，表现出大家闺秀的风范，努力让自己对广场舞和桥牌感兴趣。现在就像烤熔岩蛋糕一样，既要把蛋糕烤熟，又要让里面的巧克力不流出来，这其中是有诀窍的，你好希望自己能快点找到这个诀窍。有时候，说容易也容易，公公婆婆成了你生活中举足轻重的盟友，但大多数情况下，你会发现花了很多精力却仍然觉得自己像个外人。

不过，你还有最后一张牌！尽管公公婆婆对你们的婚礼不是很满意，但你怀孕之后他们的态度转变了。说白了，你不再是对他们百般忍让的儿媳，你肚子里怀了他们家的孩子，这个孩子，拥有爷爷的才华和奶奶的美貌。宝宝从产房里抱出来的时候，二老就说了："咦，他长得不像他妈妈嘛！"仿佛你的孩子集他们家优点于一身！

孩子无疑让两个家庭团结了起来。以前你在他们眼里浑身是错（最大的错在于抢了他们的宝贝儿子），现在你是小王子或小公主的妈妈！从现在开始，公公婆婆心甘情愿或者不得不向你妥协。在对孩子的教育问题上，作为妈妈，你会有更多的话语权，由你们夫妻二人来决定怎么做对孩子最好。

公公婆婆的有些话也许有道理，但他们说话的方式让你各种不舒服；同样，亲爱的老公也可能会受到你父母的非难，这时你也应该起到润滑剂的作用，避免他和你家人产生摩擦。

教育话题无法避免!

面对孩子的教育问题，长辈们不会无动于衷，你需要坚持自己的观点，但也不要对他们的看法进行批评指责。

团结互助

面对周围的"好言相劝"，你越来越无法坚持自己的选择。当小艾问你："这么快就把宝宝扔给保姆带，对他的情绪发展真的好吗？"你感觉无所适从。与完美的婆婆和全能的公公度过一个周末后，你累得筋疲力尽。

他们的每句话听上去都无可厚非。你开始怀疑自己，现在你最需要的是有人来告诉你："你有能力做一个好妈妈！"这时候你的丈夫应该要站出来支持你，不让你感到孤立无援。在面对外界的批评时，你希望夫妻团结一心；同样，当你父母对丈夫说出略显刻薄的话语时，你也要站在丈夫这一边。

小贴士

从你决定要孩子的那一刻起，你就需要有人来支持你、鼓励你、让你对自己有信心。

·把自己的人际关系全部梳理一遍，尽量避开那些会打击你自信、让你怀疑自己的人。

·在父母或公婆面前团结一致，捍卫你在生活和教育上的选择，不管对错，无须对他们剖白解释。

·不要在父母或公婆面前批评你的另一半。

小心，教育是"雷区"！

你经过深思熟虑才做出的决定，虽然不像公公婆婆想的那么周到，但这是你的决定。你的另一半可以平静地告诉双方父母：你这么做不是故意要反对他们。教育问题是一个非常敏感的话题，你可以用合适的方式告诉他们："我不同意你的理念。"

　　当你告诉母亲，"女人除了孩子还应该有别的兴趣爱好"，母亲的脸都变绿了。她开始絮絮叨叨地说你不称职，孩子这么小就托给别人带。如果你反对父母的教育理念，他们也会反过来责难你。不过，他们的批评有时候仅仅是为了让你内疚，为了让你知道"爸妈吃过的盐比你吃过的饭还多"。

阿梅，27 岁

　　我觉得自己一直在挨批，觉得自己做得不好。

家庭的纽带

　　如果你父母已经过世，或者你和父母已经没有联系了，看到有些夫妻需要努力去和父母设立界限，你反倒会羡慕他们。搬家的时候你也一定希望能有人提出帮你照看孩子吧。

　　为了弥补父母不在的缺失，你一定会想着和其他人建立类似的纽带。你可以让孩子认你的好朋友做干妈或干爹，让友谊更加牢固，也可以试着和其他家庭成员恢复联系。

洛荷，27 岁

我带儿子去认母亲的堂兄。我很小的时候妈妈就去世了，我想让孩子回到我母亲的家庭。

第 2 幕
维护父母的形象

无论父母有什么缺点，你们两个都要不惜一切代价维护他们的形象。

我的父亲是个英雄！

每次婆婆给你打完电话以后，你的嗓门就大起来了。只要一涉及父母，你们就要开战。为什么呢？因为你们被劈成两半了，一半给了自己的父母，另一半给了自己的爱人。为了维护自己"好孩子"的形象，你对父母的话照单全收，尽量不去反对他们，但这不代表你看不到他们的缺点。你承认，他们有点沉闷，有点笨手笨脚，但其他都很好啊，而你的爱人只会看到他们的沉闷和笨拙。每个人看待事物的角度不同。

　　而且，就算另一半说得有道理，看到自己的父母遭受非议也会让你觉得不舒服。母亲惹你生气时，你可以立刻怼回去，用力挂她电话，但丈夫要是敢试试看，你可绝不手软，因为攻击你父母，就等于在伤害你。

　　试想一下，如果你和他父母之间闹矛盾，他可能根本无动于衷，因为父母的缺点他再清楚不过了，他打小就在忍受这些缺点。不过你和小艾喝咖啡时，倒是可以吐槽一下！

蕾蕾，31 岁

　　有了孩子以后，我感觉自己在公婆面前更有地位了。孩子出生的时候，婆婆送给我一颗钻石。

躲清静

　　你的爱人会觉得自己像块"三夹板"。不管他有多爱你，面对母亲大人，他都很难站在你这边。他最希望的是能够躲开，躲开你的追问，躲开你愤怒的眼神。其实他不是故意想和你作对，把你一个人扔给婆婆，只是在被你收服之前，他就一直在逃避，逃避父母的掌控，逃避父母的建议。要说"躲清静"，他绝对是个高手，尤其是和母亲发生矛盾的时候，招数更是层出不穷……

逃避争吵，你的爱人是哪一型？

说到"躲清静"，你爱人会……

装聋作哑：婆婆挑衅地看了你一眼，你感到莫名其妙并求助丈夫，可是对他来说好像什么也没发生："这蛋糕真的好好吃，我再吃一块啊！"然后小声对你说："你没事吧？你怎么啦？"

最好不要当场发作，等大家都心平气和的时候再说，免得你当场歇斯底里，老公还沉默不语。你可以客气地让他知道你的底线在哪里，还有个简单的办法，就是让他睡沙发！

"我很忙"：给你来一出"我工作太忙了，你先带孩子去我父母家，我随后就来！"注意，这是个陷阱！除非公公婆婆很看重你，又肯帮你带孩子，又肯帮你做饭，是梦寐以求的好公婆。如果真的遇到这样的好公婆，那么恭喜你，中了千分之一的大奖，好好善待他们。

　　他和你说"在乡下可以休息休息哦"，但现实情况是，你带着孩子大包小包去到乡下，到时候孩子只想黏着妈妈，公婆又老是指桑骂槐、含沙射影。

　　办法：让老公带小淘气去他父母家，由他父母看着孩子，你和朋友在一起舒舒服服地休息！

　　变身勤杂工：他是个好儿子，修水管、修煤气、修网络，他样样在行，实则这些行为都是他逃避妈妈的好办法。如果婆婆这时给你出难题，你无须为自己辩解，礼貌而坚定地请她的好儿子出马。

　　失忆：昨天晚上他还在鼓励你先把自己的身体调养好，今天他妈妈一来，他立马把自己说过的话抛在脑后，然后改口说，你应该多花点时间陪宝宝。

　　如果是这样的话，你们两个需要好好沟通一下，因为他的做法不能解决问题。即便你们之间存在分歧，面对父母，他也必须全力支持你。

　　旅行家：如果你的爱人很难像一个男人和一家之主那样在父母面前拥有自己的话语权，他可能会选择带着妻子孩子一起出门旅行——这说起来也是个不错的办法。

小测试

你的母亲是哪一种外婆?

1. 当你宣布怀孕时，你母亲说:

a. 我等这一天等了好久了! ▲

b. 真是太好了! 恭喜你，宝贝女儿! ★

c. 好啊，看来我有得忙活了! ◆

2. 生完孩子，你母亲:

a. 给你发了一条祝贺短信。 ◆

b. 在医院忙得团团转，累瘫了。 ▲

c. 给你买了花，还带了她亲手给宝宝织的毛衣。★

3. 你把孩子托付给父母:

a. 十分受用，他们就住在附近。 ▲

b. 定期给他们带，时间上你自己安排。★

c. 简直要了他们的老命，别说孩子了，他们连

一只仓鼠也不会帮你照顾。◆

4. 财务方面，你父母：

a. 每年都会把他们度假的房子借给你。★

b. 完全不插手，你不想欠他们的。◆

c. 你买房子大部分的钱都是父母出的。 ▲

5. 你想搬家：

a. 你还没和另一半说，就先和父母说了。 ▲

b. 新家一安顿好你就会叫他们来参观。◆

c. 一旦决定你会告诉父母。★

6. 关于你的教育方式，你母亲：

a. 不发表意见。★

b. 少不了要评头论足。▲

c. 三句话离不开她自己。◆

7. 你在家里忙得团团转，你父母：

a. 提出来帮你。★

b. 非要早上8点就来你家，一来就问你中午想

吃什么。◆

　　c. 根据他们的时间安排来帮忙。▲

　　8. 宝宝一周岁生日，你母亲：

　　a. 一大早就来给宝宝过生日——这么重要的日子她怎么能不来？▲

　　b. 建议在她家里给宝宝过生日。★

　　c. 总是忘记日子（"啊？昨天是宝宝生日？"）。◆

　　9. 暑假到了，你母亲：

　　a. 整个夏天都在她朋友家。◆

　　b. 带你孩子一起去度假——没有孩子可怎么过暑假啊？▲

　　c. 根据你的时间安排，建议帮你带几天孩子。★

　　10. 每到重要节日，你母亲：

　　a. 买一堆超贵的礼物。▲

　　b. 没时间去买礼物，到生日那天再补送。◆

　　c. 总是有办法让大人孩子都开心。★

如果你▲占大多数，表示外婆很黏人。

和所有的外婆一样，你的母亲很慈祥、很温柔、很大方……你需要她的时候她总是在。学校放假了、孩子出水痘了，她每次都来帮忙，不错不错，省得你向单位请"孩子病假"了。

如果母亲总是在身边帮你，那么你很难想象离开她你的生活会变成什么样子。不要忘了，如果她一直吵着要抱孩子，而你不太愿意的话，你应该温柔地和她说清楚，这毕竟是你的孩子，不是她的孩子！有了孩子以后，你的父母升级成了外公外婆，尽管他们很怀念他们刚做父母的时候（当然了，你小时候也是超级可爱），但你的孩子已经又是一代人了。

外婆很好，但有时也会让你产生烦恼。你好好和她说，她根本不听你的。你觉得没有自己的空间了，快要窒息了，唯一的办法就是请她离开，否则她一天24小时都在你家围着你和孩子转，什么都得听她的，甚至你爱人都快没有立足之地了。

如果你★占大多数，表示外婆愿意帮忙且懂得尊重你。

你父母既有空帮你，也很尊重你。你需要的时候他们会来帮忙，也尊重你的个人空间。你很幸运哦，很多父母会把自己放在第一位，然后再考虑子女的需求，最多在宝宝刚出生时来搭把手就完了。

在宝宝的头几个月，你特别需要帮助。有父母帮忙可以让你更快找到做妈妈的感觉。看到你父母在小心肝面前这么开心，你很感动，也很高兴把他托付给他们。你不禁想起了自己小时候和爷爷奶奶、外公外婆在一起的美好时光。

如果你◆占大多数，表示外婆令人担忧。

你妈妈没有做母亲的细胞，你对她从来不抱一丁点儿幻想，像什么一边唱儿歌一边和小宝一起做巧克力蛋糕这种事绝对不会发生在你妈妈身上。除非她想弥补你小时候她没有对你做到的事情，不过天知道有多少可能性。

对她来说，做外婆就等于自己变老了，没错，她心里很不爽。你的生活在继续，她感觉自己在一天天变老。你可以提醒一下母亲大人，即使你没有生孩子她也会变老。母亲的反应让你深深地感到失望和难受。她没有能力让你开心，没有能力走出她自己的世界，从各方面都无法支持你，你有权利生她的气，其实很久以来你多少觉得母亲连她自己也照顾不好。

第 3 幕
紧急求助，夫妻关系被入侵!

小提醒：夫妻由两个人组成，你，加上孩子的父亲，不包括你的姐姐、妈妈、表弟……你爱人已经提醒过你了，是吗？一点都不奇怪！

海伦，24 岁

我感觉这个家不是我的家，有种被入侵的感觉。

设定界限

你生孩子的时候母亲就坐在你身边，生完孩子她给你送饭，做家务，给你很多建议，对于这样的母亲，该怎么来设定界限？你既需要有人帮你，也需要在"母亲"这个角色上站稳脚跟。

如果母亲霸占了这个家，你爱人还有立足之地吗？他在家里肯定就没有家的感觉。自从你生完孩子回家后，他再也没有和妻子孩子享受过一家三口之乐，每天晚上他回家都是岳母给他开门，告诉他家里面一天发生了什么，告诉他该做这个做那个。

快打住吧！母亲可以帮你，但前提是她能找到自己的位置，尊重你的空间。要对这样的母亲说"不"或者拒绝她到你家里来，不是那么容易的，特别是当她笑嘻嘻地说要来帮忙，就更难拒绝了。你也知道母亲每天在家里看电视剧是多么无聊。要不要拒绝她？你可得留个心眼儿，想想今后十年里，每天一大早她就来你家了，你丈夫甚至都不知道她要来（也许他在偷乐，因为他不用做家务了）。多想一想，不要急着给出答案，给自己时间找到最适合的方式。

西西，34 岁

我父母很强势，凡是和孩子有关的事我一句话也说不上。

小贴士

保护好自己的界限

· 如果你累了或不想见人，可以让他们晚些时候来，或干脆不让他们来。如果他们半个月前刚刚来看过小可爱，对于"已经很久没看到心肝宝贝了"这种话你的态度要坚决。上一辈能体谅新手父母的辛苦。

· 没有和丈夫商量时，不要独自对父母做出承诺，他也有发言权。

· 在决定以前，先试试不同的办法，比如把孩子放在父母家、在自己家带孩子等，因为一旦定下来你又改变主意，父母会不开心。你需要时间找到一个又适合自己，又不会让生活变复杂的办法。想要孩子和外公外婆搞好关系，你难免要操这份心。不过，宝宝出生的头几个月你会很忙，就不要给自己添麻烦了，尽量把事情简单化吧。

依莎，26 岁

我喜欢把宝宝给我妈妈带，但我老公总说我不好。

双赢？

母亲一边帮忙一边步步为营，"占领"了你的家，让你感觉掉坑里去了，这时候可以问问自己，是你需要母亲，还是她没有你就活不下去了？

到你家里来照顾孩子，母亲就可以不用待在家里，免得和刚刚退休的父亲吵架。

仔细想想她的做法真是皆大欢喜，宝宝睡觉的时候，她连你丈夫的居家裤也烫好了。

孩子的到来给你父母带来了巨大的欢乐？很好，但是，请记住，你做母亲是为了建立自己的家庭，不是为了填补他们生活上的空虚。你的选择有时会被父母的期待所左右，为了让母亲开心，你把自己"妈妈"的身份也让给她了。你很关心父母的幸福，但你不是他们的治疗师，他们没有你也能解决自己的问题。

如果因为怕伤害到他们的感情，而不敢让你父母退出，你们夫妻可能很快会连父母的位置也要被夺走——尤其是你若把丈夫高高挂起，什么活儿也不让他做的话。丈夫会觉得岳父岳母占领了他家，他在这个家里就像个陌生人。如果你不希望丈夫离家出走，那么就温柔地送母亲到门口，感谢她为你付出的一切，别忘了拿回家里的备用钥匙！

她的故事

丝丝十几岁时哥哥去世了，从那以后，她成了父母唯一的孩子，和父母关系非常亲密。产假结束后，她把女儿交给母亲照顾，自己去工作，整个暑假也把孩子放在妈妈家里。她不想把孩子从母亲身边夺走。

小莉，34 岁

我还没有孩子，我父母老是说我，因为他们的朋友都已经做外公外婆了，所以在孩子这个话题上，他们和朋友聊不到一块儿。

喂，妈妈！

结婚后，很多事情你还是需要经过父母的同意才能做决定？找工作、搬家、买车、出去旅游的时间和地点都得父母来定，他们还要跟着你们一起去？你怕他们会失望、怕和他们对着干？你已经是成年人了，必须意识到这一点，你现在是一个母亲，就算给家里墙壁换个颜色，也要打电话和父母汇报吗？

其实"需要父母同意才能做决定"只是你的感觉。相信自己，和爱人聊一聊，花时间权衡一下利弊，你就知道该怎么做了，其实你内心深处很清楚怎么做才对自己和家人有好处。最后想说的是，能不能不要隔三岔五地给父母打电话？你怕父亲发火是吗？你是怕他否定你的选择，还是否定你对独立的渴望？

这种互相依存的感觉能让你有安全感，可是这种安全感剥夺了你为自己的生活和自己的家庭做决定的能力。想一想，孩子看到自己的妈妈对外公外婆处处言听计从，妈妈在他心里会是个怎样的形象？有些人即使做了父母也还像个孩子，父母怎么说就怎么做,不敢有一丝一毫的违背。成为母亲可以给你力量,让你和自己的父母保持距离,敢于做出自己的选择。这种选择需要勇气,我们有时会软弱,但勇气一直在那里。

平日里大大小小的事情,你可能根本无法像一个成年人、像一个母亲那样去做决定。大声地对自己说:"我都已经是当母亲的人了!"鱼和熊掌不可兼得,既然享受了做母亲的好处,就一定会付出相应的代价。接纳现在的自己,接纳自己不能同时扮演所有的角色,你不能既是依赖母亲的女儿,又是需要为自己孩子做决定的母亲。

她的故事

米雪50岁的时候决定搬到另一个地方去住,她没有事先告诉父亲,这是她第一次没有得到父亲同意就去做一件事情。从小到大,不管她想做什么,父亲都会贬低她,阻挠她,搞得她什么事也不敢做,对父亲百依百顺。

设立三个小目标，
让自己和母亲保持距离

· 目标1：少给母亲打电话。

如果你本来一天要给母亲打8个电话，请减少到4个；如果本来每天都要打电话，减少到两天打一次。一步一步锻炼自己，直到丈夫不再用无奈的眼神看着你说："你妈妈又打电话来了。"

· 目标2：不要什么事都和母亲说。

"我和欣欣下午2点半见面，我们吃了冰激凌，然后我花了88元（而不是129元）给自己买了一套小内衣，我老公可喜欢了！"

你只需简单地说一句："我星期六下午出去了一趟，挺开心的。"

· 目标3：母亲问东问西，你不必一五一十地回答。和谁一起？去干什么？几个人？你可以改变话题，也可以正话反说，既幽默又不失尊重。

"啊？你星期六又出去了吗？那谁帮你照顾小家伙？

"是呀，你呢？周末过得好吗？"

小马，32 岁

我们两个想开开心心地去度蜜月，公公婆婆也要跟着，我和我老公都没法拒绝。

钱是小事?

她的故事

琳琳的父母有一套廉租房，琳琳结婚时父母把这套房子给了她。夫妻两个一开始觉得这样挺好，在里面住了很多年，还有了孩子，但是琳琳的父母会定期来看他们，并且表现得像在自己家一样。久而久之，夫妻两人意识到他们之前想错了，于是重新买房子、搬家。现在他们终于有了自己的家，也不欠父母的了。

如果你能从心底认识到自己已经是一个成年人、一个母亲，做父母的便会尊重你的空间，不过多地干预你的家庭生活，但如果你不懂得保护自己的界限，就会给自己添麻烦。

为了让小夫妻有个住处，父母出力帮忙；孩子出生了，父母送这送那。作为父母来讲，这是再自然不过的了，但是要当心，父母的礼物可能是个"陷阱"，从筹办婚礼到教育孩子，这份礼物会让他们在任何问题上都觉得自己有权利来插一脚。

如果买房的钱是你父母出了，那么你丈夫的地位——作为一位父亲的地位就会受到打击，因为你父亲会觉得他才是这个家的主人。注意了，关于你们小家庭的所有事务，都应该由你们二人自由地做决定！

另外，两个家庭经济投入不平衡也会引发矛盾。

如果办婚礼90%的钱都是他父母出的，那么相应的，他们就会要求有90%的话语权。对他们来说感觉很不错，但在婚礼当天，你和你爱人难免会觉得压抑，会有种被束缚的感觉。

拒绝公婆的这种付出很傻吗？也许吧，但是别忘了，有得必有失。最坏的情况可能是，整个家庭都把你当外人，你还得感谢他们付出了这么多。当然了，这不是要你拒人于千里之外，而是要注意有一个"度"。

小贴士

为自己的家庭留一点空间

· 凡事夫妻二人自己做决定。

· 决定后告知父母即可，不要让他们为你做选择。

· 如果父母送礼物的话，不要接受那种会让你们处于依赖地位的礼物。

小测试

考考你

1. 不必高声质疑你父母对教育的看法。

□ 对　□ 错

2. 听到别人批评自己的父母，心里难免会不舒服。

□ 对　□ 错

3. 孩子出生的头几个月，女人更需要母亲的帮助，而不是她丈夫。

□ 对　□ 错

4. 接受父母的钱对夫妻生活不会有任何影响。

□ 对　□ 错

5. 爷爷奶奶或外公外婆无法为你决定怎么做对孩子有好处。

□ 对　□ 错

6. 面对外部批评，夫妻二人必须团结一致。

□ 对　□ 错

答案：1：对，2：对，3：错，4：错，5：对，6：对。

"我不要小弟弟，我要小兔子！"

第七章

多子女家庭

▼▼▼▼▼▼▼

导 语

　　无论你设想的家庭是一个孩子，还是两个孩子，这些想法都和自己的原生家庭有关，因为你想拥有熟悉的家庭模式，并把这种模式给到自己的孩子。

第 1 幕
完美的年龄差

你绞尽脑汁想弄清楚两个孩子之间差几岁最完美？18 个月？太累了。三岁半？正值老大上幼儿园，情绪不太稳定，你怀上二宝对他来说可谓雪上加霜。三个孩子太多了，一个孩子又太无聊！

你父母生了姐姐之后，没隔多久就生了你，就是希望你们俩能玩到一起，可惜你和姐姐的性格差太远。表妹是独生女，太孤单。哥哥比你大 10 岁，姐姐比你大 18 个月，不过你和哥哥更投缘……没有一个方案是"万全之策"。

你梦想中的家是什么样子的？

如果你急着生二胎，请接着往下看。

等不及了?

宝宝让你爱不释手?你好希望时间就此定格,停在这幅美丽的画面里。小宝宝脆弱得惹人怜爱,白白香香的小脚丫萌到让你不能自拔,然而宝宝很快就变成了小淘气,你把他满月时穿的衣服好好地收起来。他还是个小宝宝的时候你就预感到他是个熊孩子了。

你怀念宝宝刚出生的样子,禁不住想要再生一个。这种渴望在你心里涌动,于是你"意外怀孕"了。

对于生二胎,如果你们两人都不确定自己已经准备好了的话,可以等上个一年半载,让自己以最好的状态来迎接二宝。毕竟大宝年纪还小,再来一个很小的孩子意味着工作量加倍,你会超负荷运转。怎么样,你觉得自己准备好了吗?

勇往直前的三个理由:

·孩子年龄相近,生活节奏差不多,比较方便管理。

· 两个孩子一起玩，你正好休息休息。

· 趁热打铁吧。如果你老是想着会累、会烦，那么很长一段时间内都不会想要二胎了！

别着急，慢慢来

生二胎是你自己的事，不管周围人怎么说，慢慢考虑，决定权在你自己手上。

给大宝的时间

你慢慢想着要不要生二宝，不过时间越长，就越不想再生了。

在最初的紧张焦虑过去之后，你开心地发现小家伙很有语言天赋，逻辑思维也不错。小的时候他哇哇大哭让你不知所措，现在他能用语言表达了，你可喜欢和他聊天了。你好想看着他一点一点长大，不想错过他的任何一个成长阶段。你想得越多，就越不知道自己想要什么。

家人给你无形的压力，让你纠结不已。是的，又来了，就像你们结婚时那样，从邻居到婆婆，好像周围每个人都对你的生活过度关注。

"你准备什么时候要二胎？"你正感叹玫瑰花开得真娇艳，被老板这么一问，你收回目光，挤出一个笑容说："我们还不急。"剩他一个人自讨没趣。是的，他只是无聊问问，毕竟他昨天才听说那谁谁家里隔了好几年才要的二胎。不过你心里知道，你不想等那么长时间。

三招教你回避隐私问题：

· "我们在努力，只是还没找到方法。"
· "你说的有道理，我们的目标是3个孩子，我们没有时间可以浪费了。"
· "放心，有动静了会告诉你的。"

我们喘口气儿

你们已经决定不避孕，但又不想马上生二胎，你能理解其中的逻辑吗？你不知道该怎么选择，所以想着一切随缘吧，毕竟最后还得由大自然来决定，因为孩子不是你想怀就能怀上的。如果你不采取避孕措施，那么应该尽快做好迎接二宝的准备。即使采取了现代避孕措施，怀孕的概率也还是相当大的。当然了，有时候需要很长一段时间才能怀上二胎，一直到你觉得自己已经完完全全准备好了。

你一面承受着外部压力，一面想多给自己一点时间，觉得做决定有点难。尽管很多人催着你怀二胎，但你的身体可能想让你喘口气儿、让你休息、让你享受孩子独立后的自由。尿布和奶瓶的日子已经结束了，你终于可以两手一插和小家伙出去买面包了。走出了漫长的不眠之夜，又呼吸到自由的空气了，一句话，你复活了！

享受这种轻松是你应有的权利，不想要二胎，不代表你不是一个好妈妈。怀孕生产又会打乱你的生活节奏，你对此心有余悸是完全正常的，你可以告诉大家你还没有准备好，现在还不想生二胎。

惟珍，33 岁

当时我很急着要二胎，但是最终到老大五岁时才怀上二胎。这五年，他充分地享受了母爱，妹妹出生时他很开心。我把婴儿车推出去，他会帮我关门，还会帮我做些零零散散的小事。我很高兴自己有了第二个孩子。

第2幕
"篡夺王位"

当你想到二胎时，就算不是马上就要，也难免会考虑对老大可能造成的创伤。你知道二宝会给老大带来什么样的灾难，你好想保护他不受伤害。

家庭给予的重创

之前家里所有人都围着他转，可二宝一出生，全世界都忙着关心这个只会哭闹吐奶的小婴儿，你想想他是什么心情？在爸爸妈妈的鼓励下，他努力地成长，戒掉了奶瓶和尿布，现在这个小屁孩放个屁打个嗝就能惹得爸妈喜笑颜开。你让他怎么受得了呢！

你不禁想起自己小时候，兄弟姐妹一大堆，哥哥总爱欺负人，你一直记仇记到现在。从他的角度想想，你从天而降，不仅夺走了他的地盘，还夺走了爸妈的关注，他心里是多么的难受，他怎么能不怪你呢？从另一方面讲，如果你是家里的老大，你很清楚被人赶下"王位"是什么滋味，你会想尽办法避免这种伤害发生在自己的孩子身上。

　　攻击和嫉妒是兄弟姐妹之间的正常心理。老大是个"小皇帝"，会想出各种"好办法"夺回自己的地位，父母在引导大孩的同时也要注意保护年幼的孩子。一方面，你得努力去理解老大的行为，告诉他，生气和难过的时候可以对着玩偶熊发泄，但不能欺负弟弟或妹妹。另一方面，你要为年幼的孩子负责，确保他从小免受他人的攻击。还记得小时候哥哥抢走你的小零食吗？爸妈没有站在你这边，你至今都记得。

小贴士

三个方法可以降低风险

· 留出单独的时间给老大。

有了老二，老大既开心又伤心，开心是因为有人陪他玩了，伤心是因为失去了爸爸妈妈的陪伴和关注。为了减轻他的失落感，你可以抽时间单独和老大在一起。让外婆来陪伴二宝，自己带老大出去玩吧。

·**在弟弟或妹妹出生时送他一份礼物。**

孩子出生时，家人和朋友都会送礼物来表达祝福和期待，礼物具有象征意义。你可以告诉他，他出生的时候某某阿姨送了一本书，某某叔叔送了一个毛绒玩具，他就会感受到他是在大家的期待中来到这个世界的。

别忘了，老大早已习惯了只要家里有客人来就会给他送小汽车、棉花糖、小恐龙，所以二宝出生时，看到家里堆满了送给妈妈和二宝的礼物，他会想："大家是不是都不喜欢我了……"

出院回家时，你可以送他一个开心大礼包，祝贺他或她"荣升"大哥哥或大姐姐。

· 接纳孩子的退行。

二宝出生后，老大突然尿床或者吵着要吃奶的情况很常见。看到大家对二宝的关注，他怀念起过去的美好时光。就让他把自己当成小宝宝吧，这种退行不会影响他今后的独立性和自主性，他只是想抓住"童年的尾巴"。

第3幕
爱、恨、深情

兄弟姐妹之间的关系往往围绕着深情、仇恨和嫉妒。看看你周围的老人，有谁提到父母的遗产时口气不变得酸溜溜的？即使公证人分配得很公平，但为什么这些老人还是觉得自己受了委屈，拿得比其他人少呢？

也许他们是想通过遗产的分配来确认自己在父母心里的地位吧，如果小时候就受到过委屈和不公平对待，在这一刻这种期待就会更强烈。父母的爱很复杂，有时他们会用礼物来区分对孩子的爱。分遗产的时候，作为子女，每个人都想确认自己是父母偏爱的那个。

我的兄弟都是暴君!

我相信你受了委屈，你觉得好处都给别人得去了。其实家里每个孩子都有这种感觉。家庭里的排行有其自身的优点和缺点，但这些优缺点无法消除你所受的委屈，可怜的孩子。

想着二胎的时候，你回想起自己和哥哥姐姐一起度过的童年，也回想起自己在家里的地位。

如果你是老大：

· 你帮妈妈把5个弟弟妹妹送到学校，帮所有人烫平衣服，12岁时就帮忙一起造房子。

·如今你还是大姐姐，每次有脏活累活，大家都会叫你去做。

如果排行第二：

·你被老大欺负。

·老大什么都懂，老小手握特权，你必须在两人之间找到自己的位置。

·姐姐很聪明，老师老是拿你和她比较，让你很生气。

如果你是老小：

·你是哥哥姐姐的"小白鼠"和"出气筒"。

·从六年级到上大学，对于你所有的新发现，哥哥姐姐都觉得没什么大不了的。

·哥哥姐姐脸上长满青春痘时离开了家，留下你独自和父母生活了好几年。

如果你是独生子女：

·你不得不一个人忍受父母的种种。

> · 你做梦也想有个弟弟或妹妹和你一起玩。
>
> · 你忍受了周围所有关于独生子女的不公正评论和陈词滥调。

赡养父母

莹莹，26 岁

我家里只有我一个孩子，妈妈总是让我觉得喘不过气来。我有一个女儿，想再给她生一个弟弟或一个妹妹，这样她就不会像我小时候那么孤独了。

独生子女的困境

如果你是独生子女，你会觉得一个孩子太孤单了，想再生一个好让孩子有个伴。还记得吗？除了小狗，你好希望能有小朋友和你一起玩。从父母那里，你得到了很多很多爱，多得都有点儿过头了。

如果老大和老二之间岁数差很多的话，老二也有可能有独生子女般的感受。老大可能会羡慕老二，但他没有意识到，当他和小伙伴一起玩耍时，老二成了父母唯一的关注对象，他意识不到老二心里的那种沉重感。而且，老大离家后，老二往往会受到父母更多的关注，他会想要更多的自由和空间。

　　想要二胎时，你还会想到自己的晚年。在和母亲的关系里，你苦苦挣扎，孤身奋战，你心想，要是再生一个孩子，至少两个人可以互相分担。如果你得独自一人在情感上、生活上，甚至经济上支持你父母，你觉得压力很大。父母的生活里除了你没有别的兴趣爱好，这可不是什么值得开心的事。

撞大奖

　　如果父母给了你太多的负担，你可能会问自己："我还有兄弟姐妹，我为什么要承担这么多？"你现在做妈妈了，正好可以利用这个机会让自己摆脱这种负担，把注意力放在自己的小家庭上。

　　即便在有兄弟姐妹的家庭里，其中一个孩子"撞大奖"也很常见。的确，职责很少有平均分配的时候。好像这个孩子天生就有义务要为父母包办一切，好像其他人都有现成的理由：住得太远、没空、工作太忙、腰酸背痛……

在一个家庭里，兄弟姐妹在家里的角色其实在很小的时候就建立起来了。如果从小，你的角色就是为父母提供帮助和安慰，你便会不由自主地一直承担这部分工作。成年后，你会发现自己已经陷在这种支持性的角色里，全家人都觉得你做这些事是理所当然的：

· 母亲出去旅游半个月，你得照顾她的狗；

· 父母要搬家，由你全权负责；

· 父母生病了，你陪着他们满世界找专家看病；

· 浇花；

· 买鞋柜；

· 元旦、清明节、生日、母亲节、父亲节、国庆节……大大小小的节日和庆祝活动都有你的身影；

· 带兄弟姐妹的孩子和侄女一起旅游。

这份清单还可以无限延长下去……

如果你总是扮演"好人"，随时准备提供帮助，试试看说"不"会有什么结果。我敢说，你的拒绝会让全家人瞠目结舌。你这是怎么了？从来都是还没等别人开口你就照单全收的呀。这时你可以提醒大家，父母不止生了你一个孩子，每个人都有自己的那一份义务。等到风暴过后，他们会开始注意到你的改变，并开始寻找新的平衡点。你需要耐心等待，因为"冰冻三尺，非一日之寒"。

三招让自己放下包袱

· 不要习惯性地去帮忙。

· 告诉自己："即使我不在场也不会闹出人命，地球没了我照样会转。"

· 找个借口，把任务转给兄弟姐妹。

小贴士

心理学小知识：家里的"小大人"

在一个家庭里，所有孩子都想找到

自己的位置。当家庭系统发生故障时，这些位置会互相转换，孩子可能会被转移到父母的位置上。他会觉得自己必须支持父母，否则父母会崩溃。他会产生这样一种信念：如果没有他，父母就不能克服眼前的困难。长大后，这个孩子甚至会为了照顾父母而放弃自己的生活。

第 4 幕
我依然爱你

你希望给到每个孩子同等的爱和关注，不过你很快会发现这个任务可不简单。孩子处在不同的成长阶段，怎么可能用同样的方式给到同等的爱呢？

玛莎，32 岁

对于二胎，我决定不去听家里的建议，按照自己的想法来。老大小的时候我就是听了他们的话，有时候会让孩子哭上几个小时。这一次我决定听自己的，我一直抱着女儿直到她平静下来，我感觉自己也变得更加平和，更加放松。

怀孕？不怕啦!

怀第二胎的时候，不会像第一胎那么焦虑，因为你知道后面会发生什么。你已为人母，即使第一次怀孕时你满怀疑虑，这一次你也会把心放在肚子里。你会不紧不慢地保持自己的节奏，会惊讶地发现你并没有第一次怀孕时那种筋疲力尽的感觉。但是除了老大之外，你还有一个小宝宝要照顾，需要花费更多的时间和精力。疲劳可能更多的是来自你的心理负担，而不是胎儿所需的能量。

其实，妈妈的状态对每一个孩子都很重要。你是已经做好了准备，还是想要来个"意外之喜"？知道他的性别时你是失望还是开心？在迎接二宝的时候，特别留意一下自己的情绪，看看自己处在什么状态。

孕期的情绪会影响孩子的性格，这些林林总总的因素会让每个孩子都成为独一无二的个体，也正是这种独一无二让你有了想多生几个孩子的想法。

不要试图掩盖家庭的秘密!

不管创伤的大小，都会对怀孕和分娩产生重大影响。如果怀孕期间经历重大悲痛，如家人去世，那么即使你对肚子里的宝宝充满了爱意，也难免会悲伤。

有些事情看似微不足道，却会给你留下深刻的印象。宝宝对周遭的氛围十分敏感，妈妈突然的紧张他立刻能够感受到，并用自己的方式做出回应。把事情告诉他会帮助他安然度过这个阶段。

依莎，29 岁

两个星期前我丈夫经历了一次工作调动，因为孩子才 2 个月大，所以没想过要告诉他，但孩子晚上突然哭闹不止，我们咨询了医生才意识到可能是因为这件事，后来我们把事情告诉了他，他就平静了很多，晚上也能好好睡觉了。

日常事件

不管是因为有了弟弟 / 妹妹还是其他原因，当小婴儿和小月龄的宝宝感到不舒服的时候，他们表达的方式都很有限。有时候，当孩子不知道该怎么表达自己的痛苦，往往会表现出各种各样的"症状"。

　　什么"症状"呢？具体表现为以下几方面：

　　·进食；

　　·睡眠；

　　·行为（愤怒、发育迟缓……）；

　　·卫生（白天或晚上遗尿，遗遗……）；

　　·语言（口吃、发音错误……）；

　　·过敏（湿疹、慢性疾病……）。

　　孩子成功地吸引了你的注意，你担心坏了，开始东奔西走到处找专家，折腾得筋疲力尽。虽然你很努力，但错在了方向不对，答案不在专家这里，而在你自己家里。先问自己这两个问题，第一，孩子是从什么时候开始出现问题的？第二，出现问题的时间是否和特定事件有关联？

孩子不舒服总是有原因的，
想办法搞清楚源头在哪里：

· 重大事件（弟弟/妹妹出生、搬家、
父母分居……）。

· 夫妻关系或家庭关系紧张。

· 生活节奏改变（断奶、换保姆、上
幼儿园……）。

有些父母看不到问题的关键，只想着通过医学手段进行干预，比如服用大剂量的抗生素，甚至通过手术来消除症状。有一点可以肯定的是，没有什么神药会让症状消失，症状只是一种表现形式，我们需要做的是倾听孩子的内心，找出原因，而不单单是消除症状。

疗愈：关于家庭里发生的事情，多和孩子闲话家常，孩子会感受到你对他的关注，知道他的不舒服妈妈已经看到了，而且正在努力回应他。你的话语会迅速产生效果，就算他还很小，起效之快也会让你震惊。

如果问题一直持续，则需要和儿童精神科医生或儿科医生面谈，他们会帮助你更好地分析孩子真正想表达的是什么。

倪可，26 岁

我从我母亲的一个朋友那里听说，我父亲其实不是我的亲生父亲，我搞不懂为什么我父母都没有和我说过。

重大事件

她的故事

菲菲是一个画家，她的画作大部分都是溺水场面，家里人看了很震惊。后来总结出的原因是：到 30 岁的时候她才知道，爷爷在她 3 岁的时候溺水去世了，而家里没有一个人告诉过她这件事。

如果你或宝宝的父亲受某件事情影响很大，有一点很重要，就是要让孩子知道，他不用为你的悲伤负责。

父母认为把悲伤的事情告诉孩子，孩子会承受不了，所以为了保护孩子，就不把这些事情告诉他。可是房顶都要掉下来了，你让孩子怎么能无动于衷？成年人有一个奇怪的想法，就是孩子好像对家庭氛围不会有任何感觉。实际上，如果不好的事情发生了，家长对孩子隐瞒，只会让他更焦虑。

家庭的秘密会对孩子，甚至孩子的子孙后代都造成很多的伤害。大人的缄口不提会让孩子滋生许多病态的幻想。孩子会想知道为什么爸爸妈妈不告诉他，是不是发生了很可怕的事情，或者是不是他做错了什么，这些问题会在潜意识里折磨他好几年。这时候如果他偶然得知了秘密的内容，他的反应可能会十分强烈且暴力。被蒙在鼓里会让人难受，所以一个家庭里最好不要有秘密。

苏雅，28 岁

我想找一个会英文的保姆，因为这对孩子以后职业上的成功很重要。

孩子是一个小小的我？

不管家里有几个孩子，家长很快会给每个孩子贴上标签，这些标签会跟着他们几十年。某某总是磨磨叽叽，某某总是任性，标签一旦贴上就很难撕下来，因为孩子还无法分辨"我是谁"，也很难摆脱周围人对他的评价。

有时候，即便嘴上不明说，父母看待孩子的眼光也会让孩子慢慢长成父母眼里的那个人。

当然了，优点也好、缺点也好，每个父母都会在孩子身上看到自己：像妈妈一样聪明，像爸爸一样能干！但你的主观意愿难免会影响到孩子的性格，因为他不是植物，不是每个星期浇两次水就万事大吉了。

早在孩子出生之前，你就在心里默默想着他以后会有哪些好品质。你甚至想过他会是百米冠军或是股票交易员。你的雄心壮志会推动他在某些领域超越自己，这很好，但是，兴趣会给孩子插上翅膀，而你对他成功的渴望却会扼杀他的自发性。

请记住，孩子是一个完整的人，再请记住，他是他，你是你。他刚上幼儿园你就想着以后要他上清华北大哈佛耶鲁，他可不一定这么想。随着他慢慢地长大，他有权选择和你不同的道路。你后悔自己过早地离开了校园，便会把这种后悔传递给孩子。如果你能告诉他，他有他自己的人生、自己的路，那么"妈妈的期待"便不会过多地干扰他为自己做选择。

他的故事

对于父亲的期望，小海觉得自己从来都满足不了。他想走职业钢琴家的道路，但好几次考级都失败了，最后只能做个业余钢琴手。有了孩子以后，他对孩子的音乐教育过度投入，态度很刻板，而且常常出言贬低孩子。

小贴士

心理学小知识：
父母把希望寄托在孩子身上

有时候孩子会和父母很像，父母的理想就是他的理想。父母容易把孩子理想化，希望孩子可以做到他没有做到的事情，同时把自己的缺点投射在孩子身上。孩子的失败会让他看到自己的脆弱，而这种脆弱让他无法承受。不管是学习成绩，还是运动能力，甚至是音乐造诣，父母可能把自己的期望投射到方方面面，表现为对孩子"过度投资"，又不容许孩子有丝毫质疑和违抗。

同时，父母对家里的孩子不一定一视同仁。被"过度投资"的孩子承受了过多的压力，会羡慕兄弟姐妹的轻松，而兄弟姐妹则反过来觉得被忽视，觉得父母给自己的关注太少。

家庭功能障碍

她的故事

朱丽是家里最小的孩子，也是被"牺牲"的孩子。在家里，她好像是个多余的人。为了照顾妈妈，她早早离开校园，感觉自己完全不受重视。有了孩子以后，她父母又故技重演，对孙子孙女的态度表现出不一致。

那么朱丽自己呢，她把特权给了大儿子，伤害了最小的女儿。她把自己遭受的不公平复制到了小女儿身上，通过这种做法，她摆脱了对原生家庭的质疑给她带来的痛苦，然而在做母亲这件事上，她在重蹈覆辙。

孩子有时会受到来自父母的伤害，原因多种多样，包括性别、出生排行、出生时的家庭状况，等等。

在有些家庭里，父母对待孩子明显是不平等的，但好像每个人都在努力忽略这种不平等。受到不平等对待的孩子会认定自己不配得到兄弟姐妹得到的待遇，他觉得父母有理由给每个孩子制定不同的规则。这个孩子往往需要很长时间才能看清楚真相，最后怨恨父母。

孩子即使受了委屈也不一定会攻击父母，但他会觉得受到这种对待是自己的错。他心里的恨会被压抑，然后转移到兄弟姐妹身上。当一个孩子嫉妒弟弟的时候，他到底应该怪谁？如果不能怪父母，那么谁应该为弟弟的出生负责？

家庭功能障碍是无意识的，往往是即便有了好的解决办法，也不能阻止历史重演。所以如果你经历过这种情况，需要花些时间，在心理咨询师的帮助下了解家庭运行模式中的问题。

小李，26 岁

当我老公指出我父母对我和几个兄弟之间的差别对待时，我意识到我变得非常焦虑。过去我一直都不想面对现实，因为这样就可以不用去责怪母亲给予我的不公正对待。

不要嫉妒!

记住，尽量做到一碗水端平。孩子处在不同的发展阶段，经历的事也不一样，你需要根据每个孩子的发展阶段来选择相应的抚养方式。孩子会教你怎么做妈妈，让你不在弟弟妹妹身上犯同样的错误。

孩子向你哭诉，要耐心地倾听。如果每个人都觉得委屈，如果你不知道该怎么做，可以和爱人探讨一下，尽可能地做到公平对待。只要你能灵活变通，那么每个孩子都会感受到你"人人平等"的态度。

独特的家庭

现在，你终于懂了，没有完美的家庭。成家以后，你希望能找到一种平衡，希望每个人都能找到自己的位置。如果你在考虑这些问题，这可是个好兆头呢。还要记住，孩子以后会对你满腹牢骚，就连爷爷奶奶或外公外婆也不能幸免，只是牢骚的内容不同罢了。另外，你的小家庭和你的原生家庭有很多的不一样，同时你们夫妻二人，包括你们的孩子，都是独一无二的，一切神奇皆源于此。亲爱的，你准备好了吗？

小测试

考考你

1. 两个孩子之间存在理想的年龄差。

❏ 对　　❏ 错

2. 如果孩子对你提出异议，说明你不够强硬。

❏ 对　　❏ 错

3. 兄弟姐妹之间互相嫉妒是正常的。

❏ 对　　❏ 错

4. 孩子有权不想上清华北大。

❏ 对　　❏ 错

5. 孩子太小，还无法理解家庭问题，所以不必告诉他。

❏ 对　　❏ 错

6. 如果孩子长期烦躁不安或反复生病，给他吃药就可以了。

❏ 对　　❏ 错

答案：1：错，2：错，3：对，4：对，5：错，6：错。

尾声

一声啼哭，宝宝呱呱落地，你荣升妈妈，生活也随之失去了平衡。艰难的磨合之后，你渐渐在"妈妈"这个角色上找到了自己。

时间流逝，你虽然懂得了"好妈妈"只是一个抽象的概念，像一个纸老虎一样专门吓唬准妈妈，但仍然为了自己和家庭的平衡而苦苦挣扎！

根据孩子的生理和心理需求，你慢慢知道了什么是重要的，什么是不重要的，所以，"要是辅食里没放蔬菜，宝宝会不会受创伤"这种问题你早就不去想了。

宝宝需要的是一个心平气和的妈妈，和一个心平气和的爸爸，仅此而已。对这一点，现在你已心知肚明。

好好照顾自己，因为照顾好自己就是照顾好宝宝。只要你爱孩子，有责任心，你就是在为孩子的一生创造一个好的开端。